아부다비 외교 현장에서
일하고 배우다

아부다비 외교 현장에서 일하고 배우다

1판 1쇄 인쇄 2022년 8월 5일
1판 1쇄 발행 2022년 8월 15일

지은이 권태균
펴낸곳 도서출판 비엠케이

편집 김미진
디자인 아르떼203
제작 (주)재원프린팅

출판등록 2006년 5월 29일(제313-2006-000117호)
주소 121-841 서울시 마포구 성미산로10길 12 화이트빌 101
전화 (02) 323-4894 **팩스** (070) 4157-4893
이메일 arteahn@naver.com

ⓒ 2022 권태균
저작권자의 사전동의 없이 이 책의 전재나 복제를 금합니다.

값은 뒤표지에 있습니다.
ISBN 979-11-89703-44-8 03300

사진출처
저자제공 18, 70, 90, 94, 132, 166, 182, 186, 231, 232, 234, 252, 258, 260
shutterstock 3, 10, 15, 48, 56, 78, 104, 174, 190, 214, 222, 240, 244, 248, 270

아부다비 외교 현장에서 일하고 배우다

권태균 지음

Bmk
magazine&publishing

3년간 아랍에미리트(United Arab Emirates) 대사로 근무를 끝내고 귀국해 낸 책이 『아랍에미리트 이야기—사막 위에 쓴 미래』다. 2014년 초에 출간되었으니 그로부터 8년이 지났다. 그사이 대사도 몇 명 바뀌었고 내 기억도 가물가물해지고 있지만, 중동에서 외교관으로 지내면서 느끼고 배웠던 것들은 오히려 분명해지고 있다. 그간 100여 회의 강연이나 기고를 통해 중동을 알리기 위해 노력해왔기 때문일 것이다.

중동에 관한 강연이나 기고 요청이 오면 거절한 적이 거의 없었다. 그 이유는 중동이 우리의 상식과는 너무 다른 세상이라 거기서 살거나 비즈니스를 하기 위해서는 중동 지역의 역사와 문화, 종교에 관해 공부하지 않으면 실수하거나 실패할 수 있다는 일종의 조바심 같은 것이 작용했기 때문이다.

아랍에미리트 대사로 일하면서 다양한 유형의 한국 사람을 만났다. 사업에 섣불리 접근해 실패한 사람, 계약을 한국식으로 생각하다가 고생한 사람, 일이 상식대로 돌아가지 않지만 원인을 알지 못해 당황하는 사람, 같은 자본주의 국가인데 시스템이 달라 어떻게 접근해야 좋을지 모르겠다고 묻는 사람 등을 접했다. 일반인은 물론 기업인이나 정부 관료도 이런 어려움을 겪는다.

지난 몇 년간 우리와 중동은 많이 친숙해졌다. 아랍에미리트에 처음으로 수출한 한국형 원전도 순차적으로 완공되면서 건설 사업의 종료를 눈앞에 두고 있다. '소녀시대'에서 출발해 'BTS'까지 K팝에 열광하는가 하면, K푸드, K컬처를 본바닥에서 직관하고 싶어하는 중동 젊은이들을 우리나라에서도 어렵지 않게 만날 수 있다.

그렇다면 우리가 중동에 대해 아는 지식은 얼마나 축적되었을까? 주변에서 내게 중동에 대해 묻는 내용을 보면 10년 전이나 지금이나 바뀐 게 거의 없다. 중동에 관한 언론 보도는 전쟁과 테러 소식 일색이고, 중동에 부임하는 사람들이 참고할 만한 좋은 안내서는 여전히 부족하다.

이 책은 내 첫 번째 책이 딱딱하다는 반성에 기초한다. 당시에는 한꺼번에 너무 많은 정보를 담으려 했고 비즈니스 분야의 주의점을 강조하다 보니 내용이 건조한 측면이 있었다. 더구나 그때는 외교관 생활을 마친 직후여서 내 책이 상대국 정부에 외교적 결례를 범할지도 모른다는 걱정이 앞섰다. 그 때문에 자체 검열을 하다 보니 흥미가 덜한 책이 되고 말았다. 이 책도 그런 주의를 하지 않은 것은 아니지만, 시간이 꽤 흐른 만큼 좀 더 가벼운 마음으로 당시 외교 전선에서 했던 생생한 경험, 왕정의 실상에 관한 이야기 그리고 중동에 사는 외국인의 일상에 도움이 될 만한 정보를 담고자 했다. 아직도 먼 중동의 실상, 특히 우리에게 익숙하지 않은 중동의 왕정을 제대로 이해하는 데 도움이 되었으면 한다.

중동은 범위에 따라 30개 국이 넘고, 아랍인으로 구성된 아랍 국가만 22개 국에 이르기 때문에 간단하게 설명하기는 곤란하다. 이 책은 석유 가격이 오르기 시작한 1970년대 이후 급속하게 경제 부국으로 부상한 걸프만 연안의 신흥 산유국들, 흔히 GCC(Gulf Cooperation Council) 국가라고 부르는 6개 왕정국가를 중심으로 살펴보려 한다. 이 국가들은 모두 왕정이며, 산유국이고, 소득수준이 높다. 또한 비즈니스가 왕성한 자본주의 체제에 기반하며, 중동에서도 가장 안정된 평화 지역이다. 그중에서도 가장 개방적인 아랍에미리트 위주로 서술하므로, 앞서 출간한 책의 속편이라고 할 수 있다. 당시에는 하기 힘들었던 왕실 이야기를 보태고, 못다 한 외교 현장의 일화를 포함했으며, 인근 다른 나라의 이야기도 추가해 내용의 폭이 넓고 읽는 재미도 더할 것이다.

오랜 기간 중동 연구를 한 학자도 있고, 수십 년 중동에서 거주하거나 비즈니스를 한 분도 있는데 불과 3년의 외교관 경험으로 중동을 설명한다는 것이 얼마나 부족한지 잘 알고 있다. 하지만 때로는 외부에서 바라보거나 선입견 없이 판단할 때 더 잘 보이는 경우가 있다. 더욱이 내가 아랍에미리트 대사로 발령받은 때는 원전 수출 과정에서 한국과 아랍에미리트의 관계가 최고조에 이른 만큼 하루하루가 긴박했고 일은 태산 같았다. 현지에서 한국에 대한 관심도 높아 대사로서 만나고 싶은 사람은 얼마든지 만날 수 있었고, 덕분에 지적 욕구를 만족시킬 수 있는 행운도 누렸다. 이렇게 얻은 중동 경험과 지식을 여러 사람과 나누어야 한다는 일종의 책임감을 느껴 이 책을 내게 되었다.

짧은 경험에서 비롯되는 다소의 부정확함이 발견되더라도 이해해주실 것을 부탁드린다. 또 그 시기 외교 과정에서 있었던 에피소드도 일부 담고 있는데 혹시라도 부적절한 내용이라고 판단되면 출판사를 통해 지적해주시기 바란다. 수긍되는 내용이라면 새로운 판에서 수정할 것을 약속드린다.

이 책을 평생의 반려자인 아내 김치순과 코로나 시기 중에 탄생한 사랑하는 첫 손주 은우에게 바친다.

2022년 8월
권 태 균

차례

Ⅲ부 중동에서 행복하게 사는 비결

▪ 두바이의 해 질 녘

I 부

중 동 의
정 치 는
무 엇 이
다 른 가

수니와 시아, 중동의 정치학

아라비아반도에는 부유한 산유국으로 구성된 왕정국가들이 있다. 국토의 크기 순대로 사우디아라비아, 오만, 아랍에미리트, 쿠웨이트, 카타르, 바레인 6개 국가는 자신들만의 정치경제 동맹인 걸프협력이사회(GCC)를 구성해 이웃 강대국인 이스라엘, 이란, 이라크에 대응하고 있다. 아라비아반도에는 이들 6개 국가 외에도 내전으로 얼룩진 예멘도 있지만 산유국이 아니고 왕정 체제도 아니어서 외부 세계의 관심을 거의 받지 못하고 있다.

중동 세계를 이해하기 위해서는 이슬람의 양대 세력인 '수니(Sunni)파'와 '시아(Shia)파'를 잘 이해해야 한다. 수니파는 사우디아라비아를 맹주로 하여 GCC 산유국은 물론, 전 세계 이슬람의 80퍼센트 넘게 차지하고 있다. 시아파는 소수파로, 선지자 무함마드가 죽은 후 수니파의 박해를 받아 당시 페르시아 쪽으로 도망가 명맥을 유지하고 있다. 이란이 맹주이며 이라크도 전 인구의

60퍼센트가 시아파 이슬람을 믿고 있다. 시아파 중에는 이란의 지원을 받으며 중동 이곳저곳에서 저항하는 무장 세력과 레바논의 헤즈볼라, 예멘의 북부를 점거하고 있는 후티 반군 등이 있다.

강경파와 온건파, 또는 수니파와 시아파 간 투쟁의 결과 지난 20~30년간 정권 교체가 이루어진 나라로 이라크, 이집트, 예멘 등을 들 수 있는데, 이 중 최근 큰 변혁이 일어난 곳이 이라크다. 이라크를 예로 들어 상황 전개를 살펴보면 아주 흥미롭다. 1차 세계대전 때 영국을 도와 오스만투르크 세력에 저항했던 메카를 중심으로 한 아라비아 족장 집안을 위해 영국이 만들어준 이라크 왕국이 현 이라크의 전신이다. 이후 군사 쿠데타가 일어나 후세인이 정권을 잡고 대통령제를 수십 년간 이어갔는데, 앞서 얘기했듯이 이라크 국민의 60퍼센트가 시아파인 반면에 후세인 세력은 소수파인 수니파라는 데 비극이 있다. 후세인은 정권을 유지하기 위해 시아파를 엄격하게 탄압했고, 시아파의 맹주인 이란과도 8년간 전쟁을 치렀다.

하지만 오랜 전쟁으로 재정이 고갈되고 국민의 불만이 고조되자 이를 탈피하기 위해 1990년 이웃한 쿠웨이트를 전격 침공했다. 이라크는 아버지 부시 미국 대통령이 주도한 전쟁에서 서방 연합군에 패퇴한 후 2003년 아들 부시 대통령 시대에 다시 공격을 받았다. 후세인은 전범으로 사형당하는 비참한 처지가 되었다. 미국은 수니파를 몰아내고 시아파를 중심으로 각 종파 간의

GULF COOPERATION
COUNCIL

KUWAIT

BAHRAIN

QATAR

SAUDI ARABIA

UNITED ARAB EMIRATES

OMAN

▪ GCC 지도

연합 정권을 세웠지만 정권이 안정되지 못하고 아직까지 불안정한 상태를 유지하고 있다.

이때 이라크에서 몰락한 수니파 일당이 시리아의 수니파와 연결되어 IS(Islamic State)라는 테러 국가를 만들었다. IS는 수년간 이라크 북부와 시리아 동부를 거점으로 활동했고, 한때는 바그다드를 다시 점령할 듯 위세를 떨쳐 세상을 놀라게 했다. 역사적인 아이러니는, 이라크가 다시 시아파 정부를 구성하자 8년간 대대적인 전쟁을 치렀던 이웃 나라 이란이 종교적인 동질감을 배경으로 다시 친해진 것이다. 이라크의 시아파를 후세인의 압제로부터 구원해주면 친미 정부로 만들 수 있을 거라고 판단했던 미국의 기대와 달리 미국의 대척점인 이란과 은근히 가까워지며 도리어 편하지 않은 사이가 된 것이다. 미국의 두 번에 걸친 이라크 침공이 판단 착오라고 분석되는 이유다.

한때 UN에서 논의되는 정치적 이슈의 절반 이상이 중동 이슈였다. 중동 이슈는 이슬람의 양대 세력인 수니와 시아 간의 세력 다툼이 바닥에 깔려 있기 때문에 중동 상황을 정확히 이해하려면 종교적인 대립을 잘 이해해야 한다. 한반도처럼 남북으로 분단되어 있는 예멘에서 남예멘과 북예멘이 끝없이 내전을 이어가고 있는데, 이 내전에 사우디아라비아와 아랍에미리트가 참전하고 있는 것이 의아할 수 있다. 사우디아라비아와 아랍에미리트의 전투기들이 예멘에 폭격을 전개했다는 뉴스와 이에 대항해 예멘에서 드론으로 사우디아라비아의 유전지대에 폭탄을 투하했다는 뉴스를 보면, 이들은 왜 저토록 치열하게 싸우고 있는지 의문이 든다. 수니파 국가들이 이 전쟁에 참여하고 있는 것도 수니파인 남예멘을 지원해 북예멘의 시아파를 견제하고, 시아파의 맹주인 이란이 북예멘 지역을 통해 사우디아라비아의 남쪽 국경을 불안하게 하는 상황을 예방하려는 의도가 크다고 이해하면 비로소 중동이 보이기 시작한다.

시아파의 본산인 이란은 이 지역 분쟁에 대부분 관여되어 있는 대표적인 '문제아(trouble maker)'다. 문제는 이란이 과거 페르시아의 후예답게 보통 나라가 아니라는 데 있다. 인구는 이 지역에서 가장 많아 8000만 명이 넘고, 면적은 한반도의 거의 8배에 달한다. 특히 석유 매장량은 세계 4위, 가스 매장량은 세계 2위를 자랑하고 있다. 사우디아라비아가 석유는 압도적으로 많지만 가스는 좀 적고, 러시아와 카타르는 가스가 많이 나지만 석유로는 순위가 한참 밀린다. 이런 통계를 비교해보면, 이란의 잠재력을 실감할 수 있다. 인종도 아랍과 달리 아리안족이고, 신체는 유럽에 더 가까운 백인종이다.

이렇게 강한 나라가 1979년에 친미적인 국왕 팔레비를 쫓아내고 이슬람 혁명을 이룬 후 강력한 종교 독재국가가 되었다. 미국도 어쩌지 못하고 40년 이상을 끌려다니고 있는 형국이다. 이란이 시리아와 예멘의 후티 반군, 레바논의 헤즈볼라 등을 지원

▪ 호르무즈해협

하며 끊임없이 테러를 획책하고 이스라엘과 대척점에 서다 보니 여러 가지 문제가 파생되는 것이다. 게다가 이란은 세계 석유의 30퍼센트 정도가 통과하는 호르무즈해협 통제권을 가지고 국제 원유가를 들썩이게 할 수도 있다.

아라비아반도의 6개 산유국 중에서 카타르와 오만은 이란과 가깝게 지내는 편이다. 카타르는 이란과 해상 가스전을 공유하고 있다. 국경은 일정한데 지하에 매장된 가스는 국경 없이 이어진 다. 사이다 한 병을 두 개의 빨대로 양쪽에서 빨아들이는 형국이 다. 서방이 이란을 제재하는 바람에 가스전 개발에 전력을 기울 이지 못하는 상황에서 카타르가 열심히 가스전을 개발해 사용하 면 상대적으로 이란이 손해를 볼 수도 있는 것이다. 카타르는 사 우디아라비아를 맹주로 한 수니파의 일원이고, 이란을 가상의 적 으로 하는 GCC 동맹에 속해 있지만, 이런 이유 때문에 가능하면 이란과 척지지 않으려고 한다. 사우디아라비아가 예멘 반군을 공 격하는데도 카타르는 참여하지 않고 독자 노선을 걷는 중요한 이 유다.

그런가 하면 오만은 이란과 호르무즈해협을 공유하고 있다. 세계 경제의 중요한 길목을 지키고 있고 거리도 가까워 굳이 이 란과 척지고 싶어하지 않는다. 종파가 다르기 때문이기도 하다. 오만의 종파는 수니도 시아도 아닌 공존을 강조하는 제3의 종파 인 '이바디(Ibadi)'다. 또한 오만을 50년간 장기 통치해온 술탄 카부스(Sultan Qaboos)가 중동의 각종 갈등에서 중립을 유지하며 중재자 역할을 자임해온 영향도 크다. 오만은 미국과 이란 간의 2015년 핵 협상 과정에서 물밑 중재 역할을 한 것으로 알려져 있다.

비록 종교적으로 대립하고 있는 이란이라고 하더라도 이렇듯 각 나라마다 경제 문제 등 다양한 요인이 복잡하게 작용한다. 한국이 미국과 오랜 동맹 관계이면서도 중국과 경제 관계가 깊어짐에 따라 정치와 경제를 분리해 '전략적 모호성'을 유지해야 한다는 일부의 견해와 유사하다고 하겠다. 이러한 견해가 과연 가능한지는 급변하는 국제 정세와 한미 관계에 달려 있기는 하지만 말이다.

참고로 이란에는 한국의 중소기업이 많이 진출해 있고, 이란산 원유 수입량도 적지 않다. 따라서 우리나라에 대한 경제적 이해가 상당히 높은 편이어서 외교적으로 조심스러운 나라다. 최근에는 한국이 트럼프 행정부에 의해 부활한 미국의 대이란 제재에 동참하면서 한국의 은행에 예치된 이란산 원유 수입 대금을 지급하지 않는 것에 대한 보복으로 우리 선박을 강제 억류하기도 했다.

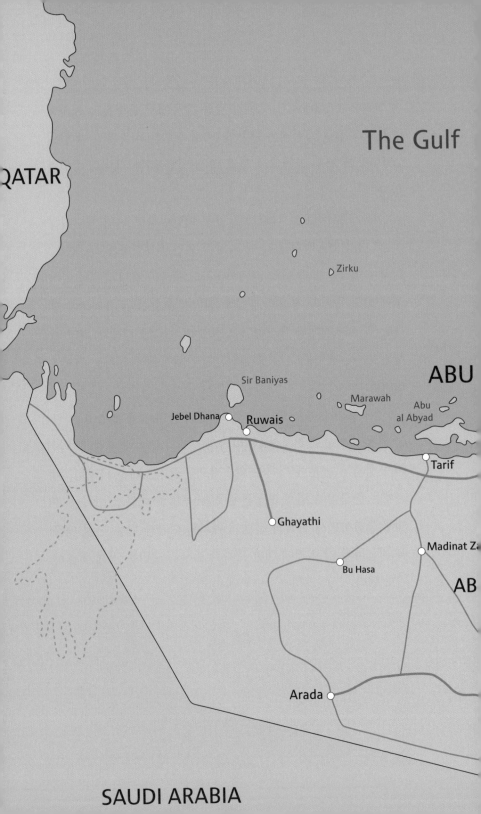

현대 중동 왕정의 성립

서기 622년께 선지자 무함마드(Muhammad)에서 시작해 아라비아반도의 서쪽 메카(Mecca)와 메디나(Medina) 지역에서 출발한 아라비아 제국은 오랜 기간 중동의 패자로 군림한 페르시아 제국을 멸망시키고 중동 전역을 장악했다. 그 후 예루살렘과 이집트를 넘어 북아프리카 지역을 횡단하는 서진을 지속해 불과 100여 년 만에 오늘날 스페인과 포르투갈이 있는 이베리아반도까지 점령했다.

한 걸음 더 나아가 오늘날 스페인과 프랑스의 경계인 피레네 산맥을 넘어 북진을 감행한 이슬람 세력은 남프랑스 푸아티에(Poitiers)에서 프랑크 왕국에 패하고, 다시 피레네 산맥 남쪽으로 철수해 이후 약 700년간 이베리아반도를 지배한다. 이후 콜럼버스가 아메리카 대륙을 발견한 1492년에 이사벨 여왕이 이끄는 에스파냐 연합 왕국에 의해 완전히 쫓겨나고 만다. 이 상황을 유럽에서는 탈환이라는 뜻의 '레콩키스타(reconquista)'라고 부른다. 너무 화려해서 놓고 가기는 아까운 알함브라 궁전을 뒤로하고 이슬람 세력은 다시 지브롤터 해협을 넘어 오늘날의 모로코 지역으로 철수한다.

이후 이 지역 이슬람 왕국은 유럽 대륙으로 다시는 가지 못하고 북아프리카 지역에 머무르게 된다. 지리적으로 너무 멀리 떨어져 있고 세월도 많이 흘러 이슬람을 믿는 같은 아랍족이란 것을 제외하고는 원출발점인 아라비아반도와도 거의 왕래가 없는 상태가 되었다.

오늘날의 아라비아반도를 중심으로 한 왕정국가들은 언제 어떻게 탄생했을까? 그것을 정확히 알기 위해서는 우리가 잘 아는 영화 〈아라비아의 로렌스〉를 다시 살펴볼 필요가 있다. 1914년 1차 세계대전이 일어나던 당시 지금의 아라비아반도에는 부족들만 있었다. 이 지역의 맹주는 오스만투르크 제국으로 바뀌어 있었고, 아라비아반도 대부분과 오늘날 이라크 지역까지 사실상 오스만투르크의 지배하에 부족 단위로 살고 있었다. 오스만투르크는 중국 북쪽에서 오랜 기간에 걸쳐 서진해 온 돌궐이 만든 나라로, 그중 한 지파인 오스만이 1460년에 동로마 제국을 멸망시키고 이스탄불을 수도로 삼았고, 이것이 지금의 튀르키예(2022년부터 바뀐 터키의 새 국호)다.

오스만투르크는 한때 전 유럽을 떨게 한 나라로 지금도 EU

가입을 원하지만 오랜 기간 유럽과의 관계에서 누적되어온 역사적 정치적인 문제 때문에 가입이 미뤄지고 있다. 1차 세계대전 당시에는 위력이 과거에 비해 많이 떨어져 이빨 빠진 노쇠한 수사자 같았지만, 아랍에 대한 지배력은 확실했다. 영국은 오스만투르크를 공격하기 위해서는 아랍의 민족주의를 자극하여 봉기시키는 것이 전쟁에 승리하기 위한 전략이 될 수 있다고 판단했다. 그래서 이 지역에 익숙한 고고학자 출신 정보장교인 로렌스(T. E. Lawrence) 중위를 파견해 그 가능성을 타진했다. 로렌스가 봉기의 구심점으로 삼은 것은 선지자 무함마드의 출생지에서 그의 후계자로 자처하는 메카의 하심 가문(Hashemite, 현 요르단 왕가)이었다. 천신만고 끝에 메카에 도착한 로렌스는 하심 가문의 지도자인 샤리프 후세인(Sharif Hussein)을 만나, 영국이 지원한다면 군사 봉기가 성공할 수 있다며 무기와 자금을 공급해줄 수 있다고 설득한다. 로렌스도 아랍 전통 의상으로 갈아입고 참전했고 이때부터 '아라비아의 로렌스'로 불렸다. 영국군은 여러 차례의 게릴라식 공격과 배후의 허를 찌르는 아카바 공략전에 극적으로 성공한 후 계속 북진하여 오늘날 시리아의 수도인 다마스쿠스에 입성함으로써 1차 세계대전에서 연합국이 승리하는 데 일조했다.

전후에 영국과 프랑스는 중동을 지배할 새로운 국가 수립을 구상하는 과정에서 이 지역을 이리저리 재단해 여러 개의 나라를 수립했고, 그것은 오늘날 이라크, 요르단, 시리아, 레바논과

본토 아라비아로 나뉘었다. 그리고 참전에 동의한 메카의 수장 후세인은 대가를 받았다. 그의 두 아들에게 오스만 치하에 있던 아랍 땅을 분할해 하나씩 왕으로 임명하는데, 둘째 아들 압둘라(Abdullah)에게는 지금의 요르단과 팔레스타인 지역을 포괄하는 트란스요르단(Transjordan)을, 셋째 아들 파이살(Faisal)에게는 지금의 이라크 땅에 왕국을 새로 창설해 통치하게 했다.

요르단은 이스라엘에게 팔레스타인 지역을 빼앗기고 국토가 축소되었지만 왕통을 계속 이어온 반면, 이라크는 2대까지 왕정을 유지하다가 1958년 군사 쿠데타로 왕정이 무너지고 대통령제로 바뀌었다. 1979년 사담 후세인이 정권을 잡아 30년 가까이 독재를 하다가 2006년 미군에 체포되어 사형당했다. 지금은 국민의 다수를 차지하는 시아파 주도하에 수니파와 북쪽 쿠르드 민족까지 포괄하는 민주국가로 전환되었다.

한편, 본토인 아라비아반도는 1차 세계대전이 끝나고 상당기간 기존 메카의 지배자인 하심 가문의 통치가 유지되었다. 이후 아라비아의 중부 사막지대를 오랜 기간 지배해온 알 사우드(Al Saud) 가문과 갈등이 계속되다가, 1932년 알 사우드 가문의 공격으로 하심 가문이 무너지고 오늘날의 사우디아라비아로 통일되었다. 사우디아라비아라는 국명은 '사우드 가문의 아라비아'라는 뜻이다. 한때 일제가 조선을 '이씨 조선'이라고 부른 것과 같은 개념이라고 보면 된다.

오스만투르크의 오랜 지배 아래 있던 아라비아반도 북쪽 지역과 달리 아라비아반도 남쪽 해안에 떨어져 있던 오만 왕정은 걸프 지역에서 가장 오래된 왕정이다. 1741년 포르투갈에서 독립한 후 영국의 보호 아래 인도와 동남아를 잇는 해상무역의 중간 기착지로 특화되어 안정적인 왕정 체제를 유지해왔다. 1970년 영국의 도움을 받은 궁정 쿠데타로 선왕을 몰아내고 왕이 된 카부스 빈 사이드(Qaboos bin Said) 국왕이 50년간 통치하다가 형제도 자식도 없이 2020년 초에 사망하면서 승계 문제에 혼란이 예상되었지만, 사촌인 하이삼 국왕(His Majesty Sultan Haitham bin Tariq Al Said)이 즉위하면서 안정적으로 이끌고 있다.

GCC에 속한 나머지 왕국, 즉 쿠웨이트, 바레인, 카타르, 아랍에미리트 4개 국은 원래 왕국이라기보다는 부족장이 지배하는 토후국 형태로 형성되어 200여 년간 영국의 보호 아래 있었다. 영국이 재정 문제로 걸프 지역의 보호 역할을 포기하기로 선언한 1960년대 후반부터 본격적으로 독립 왕국으로 발전했다. 여기에는 아라비아반도에서 발견된 석유로 인한 국부 증가도 큰 역할을 했다. 이 중에서 아랍에미리트연방, 줄여서 UAE라고 부르는 대통령제 국가의 성립이 특이하다. 아랍에미리트는 7개의 크고 작은 토후국(土侯國)이 미국처럼 연방을 구성하자고 합의함으로써 1971년에 정식 창설되었다.

7개 토후국 중 가장 크고 부유한 아부다비(Abu Dhabi) 토후국이 주도하고 두 번째인 두바이(Dubai) 토후국이 동조하여 인근의 작은 5개 토후국을 이끌고 가는 형태로 합의했다. 연방 예산의 70~80퍼센트는 이 두 나라가 부담하고 있다. 미국의 50개 주(State)가 모여 연방국 USA(United States of America)를 만든 것처럼 7개 토후국(Emirate)이 모여 연방국 UAE(United Arab Emirates)를 수립한 것이다. 연방 협상 과정에서 처음에는 인근의 유력 토후국들이었던 바레인과 카타르까지 모여 9개 국 연방을 만들고자 하여 합의안에 서명까지 했지만, 마지막 과정에서 주력 토후국 간의 권력 분할에 대한 이견으로 바레인과 카타르는 독립 왕국으로 남았다.

걸프 왕정을 왕정 체제라고 통칭하지만, 실제 국왕에 대한 호칭은 나라마다 다르다. 사우디아라비아와 요르단은 '킹(King)', 오만은 '술탄(Sultan)'이라고 부른다. 아랍에미리트를 구성하는 7개 토후국은 '룰러(Ruler)', 쿠웨이트와 카타르는 '아미르(Amir)', 바레인은 '말리크(Malik)'라고 부른다. 아라비아반도의 최강국인 사우디아라비아가 'King'이라는 표현을 쓰지 못하게 은근히 압력을 행사한다는 얘기도 있다. 직계 왕족에 대한 경칭을 자신만 HRH(His Royal Highness)라 하고, 다른 걸프국들은 HH(His Highness)라고 부르도록 했다는 얘기가 있는 것을 보면 전혀 근거가 없지는 않아 보인다.

인근 중동 국가들은 요르단을 특별히 대접한다. 요르단의 국왕이 선지자 무함마드의 가문인 메카의 유서 있는 하심 가(家) 출신이기 때문이다. 앞서 얘기한 대로 1차 세계대전 종전 후 중동의 정리 과정에서 메카의 샤리프 후세인의 둘째 아들인 압둘라가 신생 요르단의 국왕으로 임명된 이후 같은 혈통으로 3대째 왕위 승계가 지속되고 있다. 그래서 요르단의 정식 국명도 요르단 하심왕국(The Hashemite Kingdom of Jordan)이다. 석유도 나지 않고 전 국토의 90퍼센트 이상이 산지라 경제적으로 어려운 요르단을 종갓집처럼 인정해 아랍에미리트를 위시한 여타 걸프 산유국들이 많은 원조를 제공하고 있다.

왕정국가에 대한 기본적인 이해

현대 민주주의 사회에서 왕을 국가의 수반으로 둔 왕정국가가 생각보다 많다. 영국, 일본, 태국, 스웨덴, 덴마크, 벨기에가 그러하며, 이들 왕정국가 간에는 왕실끼리 깊은 유대 관계를 맺고 있다. 하지만 국왕은 국가의 통합을 상징하는 형식적인 위치에 머물고 실제 국정 운영은 국민이 뽑은 수상이 맡는 경우가 대부분이다. 이런 나라들을 입헌군주정이라고 한다면, 걸프 국가들은 국왕이 국가의 상징에 그치지 않고 직접 나라를 통치한다는 점에서 현대판 절대 군주정이라고 할 수 있다.

과거의 군주정과는 전혀 다르지만 왕이 부와 권력을 가지고 국가를 통치한다는 점에서는 절대 군주정의 요소를 많이 가지고 있다. 걸프 왕정국가에서 외교나 비즈니스를 할 경우 이런 점을 염두에 두어야 한다. 아라비아반도에 있는 국가 중 예멘을 제외하고 6개의 GCC 국가들이 왕정 체제로 운영되고 있다. 아랍에미리트는 7개의 왕정 체제 토후국들이 연방제를 채택한 형태인데, 연방은 대통령제로 운영되지만, 연방을 구성한 토후국별로 '룰러(Ruler)'라 불리는 국왕이 있고 왕세제와 왕자가 있는 전형적인 왕정국가다. 형식적으로는 5년마다 7개 국가가 모여 대통령을 선출하지만, 토후국 중 가장 크고 석유를 가장 많이 생산하는 아부다비가 연방의 대통령직을 계속 유지하고 있다.

중동의 걸프 국가들이 왕정을 유지한다고 해서 민주화가 되지 않았다는 의미는 아니다. 과거처럼 국민의 생사여탈권을 가지고 있는 것은 아니고 사법체제가 엄연히 존재한다. 따라서 민주적인 절차에 따라 재판이 이루어지고 법에 정한 형벌을 내린다. 국왕이 통치하지만 법을 무시하는 일은 하지 못한다. 국민을 무시하는 행동을 국왕이라고 함부로 할 수도 없고 하지도 않는다. 왕정의 존재 자체가 현대사회에서는 국민의 존경과 지지하에서만 유지될 수 있고, 그러한 사실을 왕가에서도 잘 알고 있기 때문이다.

차기 국왕은 국민의 여망을 충족할 수 있는 사람으로 부족 회의에서 선출한다. 이런 제도는 국가 지도자의 독특한 선출 과정으로서 연구할 만하다. 대통령제나 의원내각제가 현대사회에서 가장 민주적이라고 하지만 그렇게 선출된 리더가 항상 최적의 지도자는 아니듯이, 부족 회의에서 선출된 국왕이 꼭 최적의 리더가 못 될 이유도 없다. 왕정 체제에서 살다 보면, 왕정 유지를 위해 왕정을 가장 잘 운영할 수 있고 국민의 여망에 가장 부합하는 지도자 자질을 갖춘 왕가의 인물을 뽑아 국왕으로 삼는 것을 잘 못된 제도라고만 볼 수 없지 않냐는 생각을 한 번쯤 하게 된다. 아랍에미리트처럼 지난 반세기 동안 계속 훌륭한 지도자를 배출 하고 있는 나라에서 특히 그렇다. 그리고 어느 나라나 간혹 잘못 된 선택을 해서 국가를 파괴하고 국민을 괴롭게 하는 것은 대통 령제냐 왕정이냐와 상관없다는 것을 이해하고 있다면 말이다.

걸프 왕정국가에서는 가장 중요한 가치가 경제보다는 국가 안보와 정권의 안정이다. 전자는 이란과 이스라엘 사이에 끼어 있는 지정학적인 이유와 끊임없이 시아파 확산을 시도하는 시아 파 맹주인 이란에 대항하여 수니파 연합을 지켜내야 한다는 종 교적인 이유에서다. 후자는 왕정의 영속성을 저해하는 위해(危害) 세력을 견제해야 한다는 숙명 때문이다.

지난 반세기 동안 한국의 국가 운영 제1의 가치는 '경제 발전' 이었다. 최근 10년 사이에 빈부격차 해소와 공정사회 실현이라 는 가치가 가미되었지만, 국민들이 암묵적으로 합의한 목표는 경 제를 지속적으로 발전시켜 선진 국가를 만드는 것이었다. 아울 러 소득 격차가 최소화될 수 있도록 복지의 확대를 지향했다. 걸 프 왕정국가가 가장 중요한 가치로 여기고 있는 국가 안보 문제 는 북한과 대치하며 강대국 사이에 끼어 있는 우리에게도 중요한 가치다. 하지만 체제의 안정은 다당제 민주국가인 우리에게 생소

한 가치다. 따라서 걸프 왕정국가에 산다면 이 점을 분명하게 이해해야 한다.

2011년에 '아랍의 봄(Arab Spring)'이 있었다. 중동에 휘몰아친 바람 때문에 장기 집권자들이 흔들렸다. 이집트, 예멘, 리비아의 독재자가 권좌에서 물러났고, 걸프 왕국도 프랑스 혁명 때처럼 바짝 긴장하는 상황이 전개되었다. 아랍에미리트는 군인연금을 인상하고 낙후 지역에 대한 대규모 개발 계획을 발표하는 등 민심을 잡기 위해 총력을 펼쳤고, 한편으로는 반정부 세력화 가능성이 있는 외국인들을 미리 추방해 위기를 넘겼다.

한번은 한국 정부의 경제 발전 경험 전수 용역사업의 일환으로 한국의 연구진들이 아랍에미리트에 와서 '민간기업의 육성'이라는 주제로 1년간 연구하고 그 결과를 아랍에미리트 관리들 앞에서 발표했다. 세미나의 목적상 우리 연구진들은 현 제도의 문제점을 지적하고 해결 방안을 제시했는데 갑자기 아랍에미리트 차관보급 고위 관리가 나에게 "지금 당신 나라 연구자가 우리 국왕이 만든 제도를 비판하는데 왜 가만히 듣고 있느냐"며 당장 중단하라고 요구했다. 나는 "발표자의 고압적인 표현에 문제가 있다고 생각하지만 일단 전체를 다 들어보고 판단하자. 문제가 있다면 최종안을 만드는 과정에서 시정하겠다"며 넘어간 적이 있다.

걸프 왕정국가 중에서 정당이 허용되는 나라는 쿠웨이트뿐이다. 또한 한국의 국회에 해당하는 국가 조직이 있지만 우리의 국회와 기능이 다른 경우가 있다. 예를 들어 아랍에미리트에서 의회 기능을 담당하는 곳은 연방평의회(FNC: Federal National Council)인데, 정부가 낸 의안을 심의하는 기능은 있지만, 법안을 제안하거나 거부할 권한은 없다. 모두 40명의 의원으로 구성되어 있으며, 절반은 선거인단 선거로, 나머지 절반은 7개 토후국 통치자가 지명하는 의원으로 구성되어 있다. 이런 점을 알아야 왕정국가를 온전히 이해할 수 있다.

이렇게 얘기하면 왕정국가가 민주국가보다 더 부패하지 않았을까 하고 생각할 수 있지만 반드시 그렇지는 않다. 문제는 나라의 지도자와 공공기관 종사자들이 제대로 된 생각을 가지고 국정을 운영하는가다. 리더가 청렴하고 공정하면서 국민을 행복하게 하겠다는 생각이 분명하면 아래 사람들이 부패할 수 없다. 능력 중심으로 사람을 배치하고, 성과와 태도를 보고 판단하는 시스템이 작동되면 왕정국가도 얼마든지 공정할 수 있다. 그 대표적인 예를 아랍에미리트의 아부다비 정부에서 발견할 수 있다.

중동 왕족의 위상

대통령제 국가에서 살아온 사람이 왕정국가에 가보면 왕족의 위상이 생경할 수밖에 없다. 사극에서 고려나 조선시대 왕족들의 삶을 보기는 했지만, 그때는 국민의 생사여탈권을 쥐고 있던 절대왕정 시대이기 때문에 지금의 중동 왕정과는 다른 측면이 많다. 무엇보다 입헌군주정이므로 국회에 해당하는 조직도 있고 사법부도 엄연히 존재해 왕이나 왕족이 마음대로 할 수 있는 체제가 아니다. 대통령제 국가와 마찬가지로 모든 것은 법에 근거하고 법의 테두리 안에서 이루어진다.

왕정국가에는 당연히 왕족이 존재한다. 오래된 왕정일수록 그리고 선대 국왕이 얼마나 많은 자손을 가졌는가에 따라 현재 왕족의 범위는 넓어진다. 1932년 아라비아반도를 통일한 후 왕정의 안정을 위해 많은 부인을 두었던 사우디아라비아의 알 사우드 왕가가 아랍에미리트나 카타르 왕가보다 왕족의 수가 훨씬 많다. 또한 아랍에미리트도 각 토후국마다 왕족이 존재하므로 전체 왕족 수는 많은 편이다.

아랍에미리트의 한 토후국 국왕이 한국을 방문했을 때 있었 던 에피소드도 이런 복잡한 구조에서 기인한다. 한국 세관을 통 과하는 과정에서 현장 세관원이 가방을 열라고 요구했고, 현장에 영접 나갔던 주한 아랍에미리트 대사가 아랍에미리트의 토후국 의 국왕임을 보증하고 가방 수색은 본인이 대신 수행할 수 있게 해달라고 요청했다. 하지만 세관원이 거절하고 장시간 지체되면 서 옥신각신했다. 나중에 세관원이 내부 보고를 거쳐 대리 통관 을 허용하면서 상황은 일단락되었지만, 그 후 한국을 대신해 유 감을 표하는 것은 현지 대사였던 나의 몫이었다. 본인의 의무를 다하고자 했던 세관원을 포함해 어느 누구의 잘못도 아니지만 다 른 나라의 제도와 관행을 이해하고 좀 더 유연하게 일을 처리했 으면 더 좋았을 것이다.

왕족의 위상은 입헌군주정이라 하더라도 서민과는 확연히 다 르다. 경제적 이권이나 출세에서 왕족의 권한이 절대적으로 크 다. 특히 경제적으로 풍요한 걸프 지역 산유국의 경우 경제적 이 권이 많을 수밖에 없으며, 이를 확보하기 위해서는 왕족과 가까 운 것이 유리하다. 왕족 중에서도 소위 성골과 진골, 아니면 이름 만 왕족인 먼 방계 왕족까지 그 위상은 다를 수밖에 없다. 성골은 선왕이나 현 국왕의 직계 자손이고, 진골은 선왕의 형제들, 즉 사촌이나 그 자식들이다. 국왕의 직계 왕자 중에서도 세력의 강도는 조금씩 다르다. 왕자들 중에도 선왕이 가장 총애하던 부인의 소생이 힘이 센 경우가 많다. 한 예로, 현 사우디아라비아의 살만(Salman bin Abdulaziz Al Saud) 국왕은 1930년대에 사우디 왕가를 창시한 압둘아지즈 선왕이 결혼한 17명의 왕비 중 가장 총애하던 수다이리 가문 왕비의 소생 일곱 왕자 중 한 명이어서 그 전에 10년간 사우디를 통치한 압둘라(Abdullah) 국왕에 비해 세력 기반이 훨씬 단단하다고 평가받고 있다.

살만 국왕이 2015년 사우디의 제7대 국왕이 되고 얼마 안 돼 전 왕세제였던 이복동생을 폐위해 지난 70~80년간 유지되어온 형제 상속의 전통을 깨고 말았다. 그리고 자신의 친아들인 무함마드 빈 살만 왕자(통상 MBS라고 부르는 실권자)를 왕세자로 책봉해 세상을 깜짝 놀라게 했던 것도 수다이리 집안의 세력 기반이 탄탄했기 때문에 가능했다고들 얘기한다.

아랍에미리트는 선대왕(先代王)인 자이드 국왕이 19명의 왕자를 두었고, 맏아들인 할리파 빈 자이드 알 나흐얀(Khalifa bin Zayed Al Nahyan)이 아부다비의 국왕이면서 아랍에미리트연방의 대통령직을 수행했다. 그가 18년간 집권한 후 2022년 5월 13일 73세로 별세하자, 이복동생인 무함마드 빈 자이드 알 나흐얀(Mohammed bin Zayed Al Nahyan)이 대통령에 취임했다. 무함마드 대통령도 선왕이 가장 총애했던 왕비가 낳은 여섯 아들 중 맏

이로, 다섯 명의 동복형제가 요직을 맡고 있다.

중동의 왕정에서는 왕족의 배경과 경력에 대한 기본 지식이 있어야 정확한 접근이 가능하다. 외부에서는 다 알 수도 없고 또 알려진 내용이 사실이라는 보장도 없지만, 언론 보도라도 알고 있으면 이 지역에 대한 접근이 더 쉬워질 것이다.

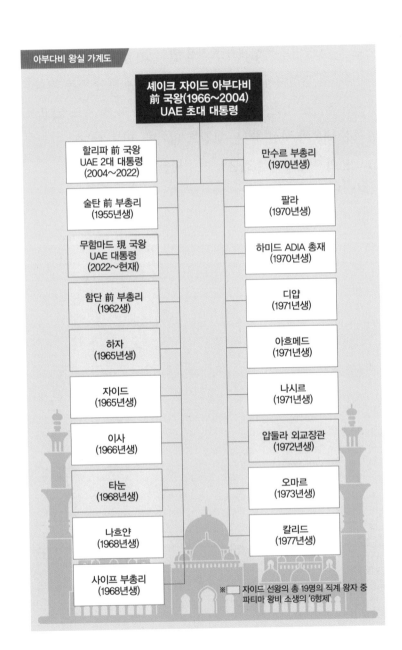

아부다비 왕실 가계도

셰이크 자이드 아부다비
前 국왕(1966~2004)
UAE 초대 대통령

할리파 前 국왕 UAE 2대 대통령 (2004~2022)	만수르 부총리 (1970년생)
술탄 前 부총리 (1955년생)	팔라 (1970년생)
무함마드 現 국왕 UAE 대통령 (2022~현재)	하미드 ADIA 총재 (1970년생)
함단 前 부총리 (1962생)	디얍 (1971년생)
하자 (1965년생)	아흐메드 (1971년생)
자이드 (1965년생)	나시르 (1971년생)
이사 (1966년생)	압둘라 외교장관 (1972년생)
타눈 (1968년생)	오마르 (1973년생)
나흐얀 (1968년생)	칼리드 (1977년생)
사이프 부총리 (1968년생)	

※ ☐ 자이드 선왕의 총 19명의 직계 왕자 중
파티마 왕비 소생의 '6형제'

40   아부다비 외교 현장에서 일하고 배우다

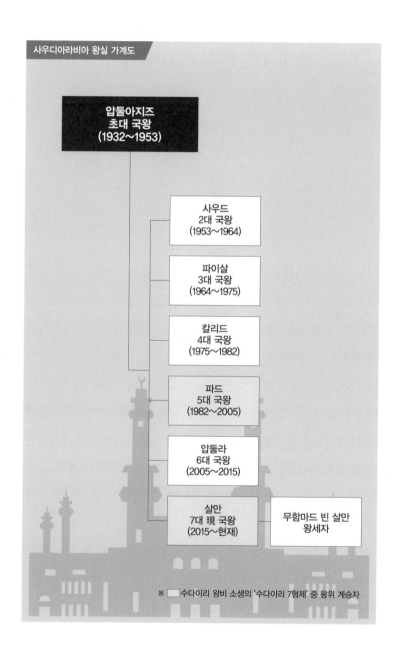

사우디아라비아 왕실 가계도

압둘아지즈
초대 국왕
(1932~1953)

사우드
2대 국왕
(1953~1964)

파이살
3대 국왕
(1964~1975)

칼리드
4대 국왕
(1975~1982)

파드
5대 국왕
(1982~2005)

압둘라
6대 국왕
(2005~2015)

살만
7대 現 국왕
(2015~현재)

무함마드 빈 살만
왕세자

※ ☐ 수다이리 왕비 소생의 '수다이리 7형제' 중 왕위 계승자

아부다비 왕가의 기원과 발전

아랍에미리트연방에서 가장 큰 토후국은 아부다비다. 연방 면적의 86퍼센트를 차지하고, 전체 석유 생산의 95퍼센트를 점유하며, 연방정부 예산의 약 80퍼센트를 부담하고 있다. 1971년에 완성된 아랍에미리트연방의 창설도 아부다비 토후국의 셰이크 자이드 빈 술탄 알 나흐얀(Sheikh Zayed bin Sultaln Al Nahyan)이 주도했다. 자이드 국왕은 연방이 출범하면서 아부다비 국왕이자 아랍에미리트연방의 대통령으로 취임했다. 참고로 셰이크는 '족장'이라는 의미로 현재는 왕족에 대한 경칭으로 사용하고 있다. 따라서 셰이크가 이름 앞에 나오면 그 사람이 왕족임을 나타낸다.

현재 셰이크 자이드 전 국왕의 셋째 아들인 무함마드 빈 자이드 알 나흐얀이 대통령직을 수행하고 있고, 두바이의 무함마드 빈 라시드 알막툼(Sheikh Mohmmamed bin Rashid Al Maktoum)

국왕이 연방의 부통령과 총리, 국방장관을 맡고 있다. 다행히 가장 큰 양대 토후국인 아부다비와 두바이 간의 관계가 좋고 두 리더 간의 관계도 원만하다. 그렇다고 제3자가 어느 한쪽에게 다른 쪽을 대놓고 칭찬하거나 한쪽을 더 높이 평가하는 것은 조심해야 한다. 엄연히 서로 다른 왕정이고 보이지 않는 라이벌 의식이 상당하기 때문이다.

아부다비의 알 나흐얀(Al Nahyan) 왕가의 역사는 아주 흥미롭다. 원래는 사우디아라비아와 국경을 접하고 있는 내륙 깊숙한 사막 내 오아시스 지역에서 출발했다. 지하수가 솟아나는 오아시스 근처에서 야자나무와 낙타를 키우며 사는 베두인족이었고 주기적으로 바닷가로 나와 천연 진주를 캐서 인도 상인들에게 팔며 생계를 유지했다.

200년 전에 바닷가 한 섬에서 민물 지하수가 발견되어 이주했는데, 그곳이 현재 아부다비 정부의 수도가 있는 아부다비 섬이다. 150여 년간 영국의 보호 국가로 있다가 1958년 아부다비에서 석유가 발견되면서 급격하게 발전했다. 샤크부트(Sheikh Shakbut bin Sultan Al Nahyan) 국왕이 부를 독차지하려다 부족 회의에서 축출되고, 1966년에 동생인 셰이크 자이드 빈 술탄 알 나흐얀이 국왕으로 추대되었다. 셰이크 자이드 국왕은 지금도 아랍에미리트연방에서 국부(國父)로 추앙받고 있다. 아랍에미리트에 가면 그의 이름을 딴 인프라를 곳곳에서 발견할 수 있다.

아부다비와 두바이를 연결하는, 한국의 경부고속도로 같은 도로의 이름이 자이드(Zayed) 고속도로이고, 아부다비 섬으로 들어가는 주교량도 자이드 대교이며, 아부다비에 있는 종합대학의 명칭도 자이드 대학이다. 1966년 취임 이후 가장 큰 업적은 주변 토후국들을 설득해 2년여에 걸쳐 완성한 연방국 창설이다. 자이드 국왕은 두바이를 설득하기 위해 땅이 좁은 두바이에 아부다비 영토의 일부를 통 크게 양보해 두바이를 연방에 편입하는 데 성공했다. 다음 세대에도 서로 평화롭게 지낼 수 있는 연방국가의 초석을 닦은 것이다.

여기서 들은 흥미로운 야사를 소개한다. 중동의 왕정은 아들 상속보다는 형제 상속이 일반적이다. 사우디아라비아를 보더라도 통일 대업을 이룬 선왕인 압둘아지즈(Abdulaziz) 국왕이 1953년 승하한 후 지금까지 6대째 형제로 왕위 상속이 이어지고 있다. 아부다비의 자이드 선왕의 부친은 술탄 국왕인데, 20세기 초반까지만 하더라도 왕가의 승계 체계가 명확하지 않아 형제간에 왕위를 놓고 싸우는 경우가 잦았다.

술탄 국왕에게도 형제들이 있었고 직계 왕자가 넷이 있었는데, 첫째가 샤크부트, 둘째가 하자, 셋째가 칼리드, 넷째가 자이드였다. 이들의 이름은 아부다비 시내의 주 도로 이름으로 남아 있다. 술탄 국왕도 형제에게 기습받아 시해되었는데 이 사건 당시 아버지를 수행한 칼리드 왕자도 심각한 중상을 입었다. 그때

충격을 받은 술탄 국왕의 부인이 네 아들을 불러 절대 형제간에 공격하지 않겠다는 맹세를 하게 했고, 그 후로 아부다비에서는 왕실 내 칼부림의 역사가 종식되었다. 술탄 국왕이 서거한 후 장자인 샤크부트가 국왕(1928~1966 재위)이 되었고, 앞서 얘기한 대로 1966년 샤크부트가 38년간의 집권 후 족장 회의의 결정으로 스스로 물러난 후 동생인 자이드가 새 국왕(1966~2004 재위)으로 취임했다.

자이드 선왕에게는 6명의 부인이 있었는데, 2명의 부인과는 정식 이혼을 해 4명의 정실 부인이 있었다. 여섯 부인으로부터 모두 19명의 왕자가 태어나 우리 식으로 얘기하면 성골 왕족을 이루게 되었다. 이들의 공식적인 호칭은 'His Highness(H.H.)'이다. 여타 왕족은 장관이라도 모두 'His Excellency(H.E.)'로 통일해 사용하고 있다.

직전 아부다비의 국왕이면서 아랍에미리트연방의 대통령이었던 할리파 빈 자이드 알 나흐얀 국왕(2004~2022 재위)은 성골 왕자 중 맏아들이며, 이혼한 첫 번째 부인의 소생이다. 두바이에 있는 169층의 세계 최고층 빌딩인 부르즈 할리파(Burj Khalifa)는 이 아부다비 국왕의 이름을 딴 것이다. 두바이의 상징인 건물에 왜 두바이 국왕의 이름이 아닌 아부다비 국왕의 이름이 붙었는지 여러 가지 설이 있다. 그중 2009년 두바이가 채무 위기에 처하자 아부다비가 200억 달러 넘는 긴급 자금을 지원해 무사히 위기를 넘긴 데 대한 감사의 표시라는 설이 유력하다. 재미있는 것은 2014년에 준공된 아부다비의 최고층 빌딩(92층)인 월드 트레이드 센터 레지던스(Courtyard by Marriott World Trade Center)는 반대로 두바이 국왕의 이름을 따서 '부르즈 무함마드 빈 라시드'라는 이름을 붙였다. 부르즈는 아랍어로 'Tower'라는 뜻이다.

한국에도 몇 번 다녀갔고 또 아부다비 원전을 우리가 수주하는 데 가장 큰 역할을 한 것으로 알려진 무함마드 현 대통령은 세 번째 부인에게서 태어난 6명의 왕자 중 맏아들이다. 19명의 성골 왕자 중에서 세 번째 연장자로 1961년생으로 알려져 있다. 영국 공군사관학교를 졸업하고 공군 사령관을 역임한 파일럿 출신으로 고매한 인품과 뛰어난 실력을 갖춰 국민의 존경을 한몸에 받고 있다.

그는 석유 의존도가 높은 아랍에미리트 경제를 다변화하기 위해 인재 양성과 산업화가 필수라고 강조하면서, 인적 자원 하나만으로 오늘의 산업 대국을 이룬 대한민국에게 배워야 한다는 확고한 생각을 지녔다. 이를 위해 한국과 긴밀한 협력 관계를 유지할 것을 강조하고 있다. 한국이 원전을 수주하는 과정에서 이명박 대통령과 긴밀하게 대화한 것으로 알려져 있고, 그 후 내가 대사로 근무한 3년 동안 수시로 양국 정상 간 전화 대화를 이어간 인물이다.

박근혜 대통령이 당선된 후에도 협력 관계를 지속하기 위해 친동생인 압둘라 외교장관의 모든 일정을 취소시키고 대통령 취임 행사에 참여할 것을 지시했을 정도로 한국과의 관계를 중시하고 있다. 문재인 정부 초기에는 인수위원회 없이 출범하는 바람에 외교 부문의 인수인계가 잘 안 되어서인지 양국 간에 상당한 마찰이 있었다. 대통령 비서실장 등 양국의 최고위층이 나서서 조율한 덕분에 몇 달 안 가 봉합되었지만 아랍에미리트 지도층의 속내를 짐작하는 나로서는 답답하고 안타까운 시간이었다. 이런 갈등을 거친 두 나라는 에너지 협력 외에도 보건의료와 농업, 식량안보 등 새로운 분야로 협력을 넓혀 나가고 있다. 한 예로 한국 농촌진흥청의 참여로 사막 기후에서 벼를 시험 재배해 성공적인 첫 수확을 거두었고, 거대한 한국형 스마트 농장 온실을 지어 물 사용을 최소화하는 사막형 농사를 함께 추진하고 있다. 최근에는 반도체 분야의 협력도 논의되고 있다.

▪ 아부다비의 스카이라인

아부다비와 두바이의 경쟁 의식

아랍에미리트연방은 토후국 중 가장 규모가 큰 아부다비와 두바이 국왕 간의 신뢰와 협력에 기반해 지난 반세기를 단 한 번의 불협화음 없이 평화롭게 지내왔다. 그렇다고 아부다비와 두바이를 아름다운 형제국으로만 볼 수는 없다. 두 나라는 각각의 통치자가 있는 별개의 나라라는 인식이 분명하고, 그 근저에는 상당한 경쟁 의식이 있다. 외교가에서는 초심자에게 한쪽에 가서 다른 쪽을 칭찬하는 발언을 삼가라고 주의를 줄 정도다. 멋모르고 한 칭찬 때문에 돌아오는 것은 냉기와 무반응이라는 것을 많은 사람이 겪은 탓이다. 생업에 종사하는 교민들이야 별 문제가 없겠지만 공직에 있거나 비즈니스를 하는 사람이 정부를 상대할 때는 조심하는 것이 좋다. 각료 중에서도 아부다비 출신과 두바이 출신이 섞여 있어, 장관을 면담한다면 가급적 어느 쪽 추천 케이스인지 알고 만나는 것이 현명하다.

한국의 국무총리가 중동 순방 때 있었던 사례를 소개한다. 오만과 아랍에미리트를 순방하는 여정이었다. 오만을 방문하고 두바이로 가서 아랍에미리트의 총리인 두바이 국왕을 만나 회견을 하고 이어서 아부다비로 이동해 국제회의 기조연설 후에 원전 현장도 방문하는 일정이었다. 이 일정을 아부다비 측과 얘기하는 중에 생각지도 못했던 문제에 봉착했다. 아부다비 측으로부터 한국 총리가 연방의 수도인 아부다비로 입국해야지 왜 첫 입국지를 두바이로 잡았느냐고 항의를 받은 것이다. 우리는 총리가 전용기가 아닌 일반 민항기를 타고 오기 때문에 비행편 관계상 불가피하다고 해명했는데, 아부다비 측은 입장이 강경했다. 당연히 수도인 아부다비로 입국해서 두바이로 가는 것이 맞다고 주장했다. 결국 총리실과 대화해서 아부다비 측 입장에 따라 일정을 조정하고 잘 마무리했지만 두바이 정부 측에는 미안하게 되었다.

그렇다고 이런 경쟁 의식을 상대에게 노골적으로 드러내지는 않는다. 그만큼 두바이와 아부다비의 리더들은 실리적이고 현명하다. 2000년대 초중반 두바이가 7성급 호텔과 야자수 모양의 거대한 인공섬 등 창의적인 건축으로 급부상하던 시기에 라이벌인 아부다비는 이를 조용히 관찰했다. 그러다가 두바이가 2009년 외채 상환 문제로 어려움을 겪게 되자 아부다비는 두바이의 개발 방식을 벤치마킹해 이후 10년간 급속한 발전을 이루었다. 아랍에미리트의 발전은 이러한 '경쟁적 협력 관계'를 다음 세대에도 지속할 수 있는지에 달려 있다.

무함마드 알 막툼 두바이 국왕 겸 UAE 연방 총리

두바이의 국왕은 토후국에서는 국왕(Ruler)이지만, 아랍에미리트연방에서는 부통령과 총리, 국방장관까지 겸하고 있다. 연방을 창설하는 협상 과정에서 아부다비의 국왕이 연방의 대통령을 맡고 두바이는 이 세 자리를 맡기로 했다. 그래서 두바이의 국왕은 부통령이 되고, 그 첫째 왕자는 총리, 그 동생은 국방장관을 맡았다고 한다. 그 후 선왕이 작고하고 그를 이은 첫 번째 아들마저 일찍 사망하는 바람에 지금의 무함마드 알 막툼 국왕이 두 자리까지 승계하면서 여러 개의 직함을 갖게 되었다는 것이 외교가의 설명이다.

현지에서는 연방의 총리로서 연방 국무회의를 매주 주재하는 것으로 단순하게 이해하고 있다. 그렇다면 무함마드 총리 자신은 본인의 위치를 어떻게 이해하고 어떤 직함을 가장 선호하고 있을까? 당연히 두바이의 국왕이라는 위상을 가장 크게 생각하고 있다고 보는 것이 자연스러울 것이다. 이것을 잘 이해하고 있지 않으면 외교적으로 실수할 수 있고 잘만 하면 두바이에서 환대를 받을 수 있어 반드시 염두에 두어야 한다.

내가 대사로 근무할 때 한국 대통령과 국무총리가 각 한 번씩 무함마드 두바이 국왕을 회견했다. 결론부터 얘기하면 대통령 면담의 성과는 다소 작았고, 국무총리 면담은 대단히 성공적이었다. 그 이유는 다음과 같다. 대통령은 무함마드 국왕을 총리로 인식하는 생각이 강했던 것 같다. 이미 아부다비에서 국왕과 실세 왕세제를 접견하고 두바이로 이동해 무함마드 국왕을 만났기 때문인지 대화 내용이 충분히 준비되지 않았던 것 같다. 대화가 자주 끊겨서 침묵의 시간이 여러 번 있었고, 두바이의 번영에 관한 덕담도 부족했고, 전반적으로 웃음기가 사라진 형식적인 회견으로 이어졌다. 가뜩이나 두바이가 외채 상환 문제로 어려움을 겪은 직후라 국왕의 자신감도 떨어져 있는 상태였다. 두바이 쪽이 느끼는 소외감이 더 컸을 것이기에 두바이의 발전에 대한 칭찬이라도 있어야 할 것 같았는데 그러한 배려가 없었던 게 실수라면 실수라고 느껴졌다.

반면에 이로부터 10개월 후에 이루어진 국무총리와 두바이 국왕의 면담은 분위기가 완전히 달랐다. 지난번의 경험도 있고 해서 총리에게 미리 브리핑한 것이 도움이 되었다. 무엇보다 두바이 국왕을 만나러 가면서 같은 총리지만 수평적인 총리 간의 면담으로 생각하지 않는 것이 좋겠다고 설명했다. 본인은 연방 총리보다는 두바이의 국왕으로 인식하고 있고, 오늘날의 두바이를 만든 세계적으로 인정받는 군주임을 자랑스럽게 생각하고 있으므로 그런 점을 강조하면서 회담을 시작하는 것이 좋겠다고 말했다. 우리 총리는 두바이의 발전과 무함마드 국왕의 업적을 칭송하는 것으로 회담을 시작했다. 당연히 무함마드 국왕의 표정은 밝아졌고 회견장의 분위기도 훈훈해졌다. 게다가 평창 동계 올림픽을 유치하는 과정에서 국제올림픽위원회(IOC) 위원인 두바이 왕비의 지원이 컸다는 감사의 인사가 이어지면서 분위기는 한껏 고조되었다.

사실 우리 총리 일행은 약속 시간에 40분 이상 늦었다. 아부다비 원전 현장을 갔다가 시간을 못 맞추게 된 것이다. 1시간으로 예정되었던 회견을 30분 이내로 단축할 수밖에 없다는 짜증 섞인 통보를 두바이 의전장으로부터 받고 시작한 회견이었다. 하지만 좋은 분위기로 시작한 회견이 어떻게 30분 이내로 끝날 수 있을까. 회견은 길어졌고 1시간 넘게 계속되었다.

중동의 왕정은 그렇다. 국왕이 회견 내용에 만족하면 국왕이 끝내자고 하는 시간이 끝나는 시간이다. 사실 그 회의에서 두바이 왕비인 하야 빈트 알 후세인은 IOC 위원으로서 공인이기도 하지만 중동에서 여성인 왕비 얘기를 꺼내는 것이 걱정되기도 했다. 사전 회의에서 총리가 나에게 평창 올림픽 유치와 관련된 감사 이야기를 꺼내고 싶은데 괜찮은지 물었는데, 논의 결과 공인이고 실제 공적이 있으니 감사를 표하는 것이 조심하는 것보다 낫겠다고 결론을 내렸다. 결과는 대성공이었다. 10개월 전에 우리 측 판단 부족으로 다소 냉랭하게 끝난 우리 대통령과의 회견을 충분히 만회하고도 남았다.

고위직과의 면담에서 나도 여러 번 유사한 경험을 했다. 연방 경제부 장관을 처음 만나는 자리였다. 면담 직전에 장관 비서관이 다음 일정이 있으니 30분 안에 끝내야 한다고 했다. 정작 면담이 시작되고 대화가 무르익기 시작하자 경제부 장관은 끝내자는 기색이 없이 계속 말을 이어 갔다. 결국 1시간 30분이나 면담하고 즐겁게 나오는데 바깥에서는 사람들이 줄을 서서 기다리고 있었다. 몇 사람은 나를 못마땅한 눈초리로 쳐다보았다. 당초 30분밖에 여유가 없다는 장관 비서관의 말이 거짓이 아니라는 것을 확인할 수 있었다. 또 한편으로는 여기서는 정해진 시간보다 고위직의 마음이 더 중요하다는 것을 깨닫게 되었다.

세계 최고의 국부 펀드인 아부다비투자공사(ADIA) 대표와 면담할 때도 그랬다. 투자공사의 대표는 대사가 통상 만나는 사람은 아니다 보니 면담 요청을 하자, 외교관인 대사가 자기를 왜 만나려고 하는지 되물었다. 당연히 면담 처음부터 분위기는 냉랭했다. 당시는 원전 수주 덕분에 한국 대사라면 어느 기관에서나 환영하는 분위기였다. 세계에서 수많은 사람이 돈을 꾸러 찾아오다

▪ 두바이의 스카이라인

보니 ADIA의 수장의 콧대가 저렇게 한없이 높구나 싶었다.

내가 대사를 맡기 전에 경제부처에서 국제금융과 무역투자를 담당했다는 것을 밝히고, 면담 목적도 양국 간의 투자 분야 협력이라고 하니 얘기가 풀리기 시작했다. 대화가 잘 돼 헤어질 때는 "한국 자본시장은 본인이 잘 모르는데 혹시 대사가 친자식에게 권하는 주식 몇 가지를 찍어주면 투자를 적극 검토하겠다"는 얘기까지 들었다. 참고로 그때 삼성전자를 찍어주었는데, 45만 원 정도 할 때였다. 이후 50분의 1로 액면 분할되어 한때 9만 원에 육박했으니 내 말을 듣고 주식을 샀다면 10배 가까이 벌었을 것이다.

아부다비뿐 아니라 중동에서는 우리와 달리 실무자보다는 최고위층의 의사가 중요하다. 하의상달이 우리 생각보다 훨씬 어렵다. 특히 최고위층을 왕족이 맡고 있다면 하의상달이 이루어지기 힘들다고 이해해야 한다. 중동에 진출한 우리 기업 관계자들한테서 이런 고충을 자주 들었다. 기관에 요청이 들어간 지 몇 달이 되어도 기다리라는 말 외에는 답이 없다는 것이다. 대체로 이런 경우에는 "위에서 답을 안 주고 있다. 실무자로서 윗분에게 답을 달라고 말씀드리기 어려워 기다리고 있다"라는 뜻으로 이해하는 것이 낫다. 이런 현실을 이해하는 것이 이 지역 비즈니스 노하우의 하나다.

이란 대사의 오만한 신임장 제정식

이스라엘도 그렇지만 GCC 산유국들의 최대 가상 적국은 이
란이다. 이란은 이 지역에서 보기 드물게 인구가 8000만 명이
넘고 자원도 많다. 매장량 기준으로 천연가스는 세계 2위, 원유
는 세계 4위다. 사우디아라비아를 맹주로 이 지역 6개 산유국이
GCC라는 정치경제 동맹체를 만든 것도 이란으로부터 스스로를
보호하기 위한 것이었다. 일반인들에게 잘 알려져 있지 않고, 현
지인도 얘기하기를 꺼리는 주제이긴 하지만, 아랍에미리트와 이
란은 특별한 악연이 있다.

1971년 12월 아랍에미리트연방이 창설되기 한 달 전에 이란
이 호르무즈해협에 있는 3개의 섬을 강제로 점거해 자국 영토로
편입했다. 이 섬은 한마디로 전략적인 거점이다. 독도를 일본이
강제 병탄한 후 실지를 회복한 지금까지도 자기 땅이라고 우기고
있는 형국과 비슷하다. 이 문제를 아랍에미리트의 지도자들이 얼

마나 분노하고 있는지 우리 사정과 비교해보면 쉽게 짐작할 수 있다. 이런 이유로 아랍에미리트에서 이란을 좋게 말하는 것은 금기 사항이다. 이는 외국인이 한국에 와서 일본에서 신사참배를 구경한 이야기를 재미있게 하거나, 독도에 갔다 와서 다케시마(竹島) 구경 갔다 왔다고 하는 것이나 다를 바 없다.

아랍에미리트와 이란의 관계를 단적으로 보여주는 장면을 소개한다. 대사들이 주재국에 처음 부임하면 신임장 제정이라는 것을 한다. 우리 대통령이 신임한다는 일종의 보증서를 들고 가서 주재국 원수에게 제출하는 절차를 말한다. 그걸 제출해야 대사로서 공식 활동을 할 수 있다. 나라마다 다르지만 대개 6개월에 한 번 정도 새로 부임한 대사 수가 어느 정도 모이면 국가 원수 참석하에 신임장 제정식을 한 번에 거행한다.

나는 운이 없어 부임 후 거의 5개월이 다 돼서야 제정식을 할 수 있었다. 제정 절차가 끝나지 않으면 정식 대사로 인정되지 않으므로 국가기관을 공식적으로 방문하는 것도 금지된다. 유령처럼 활동할 수밖에 없으므로 불편하기 짝이 없다. 특히 아랍에미리트는 7개의 토후국으로 구성되어 있어 7명의 국왕을 일일이 접견해야 하는데 이를 하지 못하는 상태로 5개월을 보내는 것은 여간 불편한 일이 아니었다.

시간이 흘러 제정식이 거행되었는데 가장 오래 기다린 내가 1번 타자가 되고 이란 대사는 4번 타자 정도 되었다. 한국은 이란과 교역도 많고 원유도 수입하고 있어서, 이란이 북한과 가깝기는 하지만 외교 원칙상 척지지 말아야 한다. 나는 5개월간 제정식을 기다리면서 이란 대사와는 상당한 친분을 맺고 있었다. 이란 대사는 성격이 부드럽고 한국에 대해 좋은 감정을 갖고 있었다. 이런 사람이 제정식에서 자기 차례가 되자 돌변했다. 아랍에미리트 의전장이 한 나라에서는 한 사람만 참석할 수 있다고 사전에 공지했는데, 이란 대사는 통역관을 대동하고 아랍에미리트 대통령 앞에 섰다. 의전장이 1국 1인이라고 한 것은 영어든 아랍어든 대통령이 알아들을 수 있는 말로 인사를 하라는 주문이었는데, 이란 대사는 이를 무시하고 이란말로 인사를 하겠고 이를 아랍어로 통역하겠다는 고집을 세운 것이다.

이때 대사의 인사는 길어야 1분 정도로 자기 국가 원수의 안부를 선하고 "신임장을 제정받아주셔서 고맙다. 열심히 하겠다"는 정도가 관례다. 그런데 이란 대사의 인사는 무려 20분가량 이어졌다. 대통령을 상대로 이란말로 준비한 원고를 일장 연설하듯이 했다. 나야 아랍말을 모르니 뜻은 알 수 없지만 태도가 너무나 고압적이고 오만했다. 나이도 들고 병색이 있어 서 있는 것조차 불안해 보이는 상대국 대통령을 앞에 세워두고 통역관까지 대동해 20분 정도를, 그것도 자국어로 일장 훈시처럼 하고 있는 이란 대사의 태도가 도저히 이해되지 않았다.

순간 내 머릿속에 떠오르는 한 사람이 있었다. 1906년 초대통감으로 부임한 일본제국의 이토 히로부미(伊藤博文)였다. 아마 그도 고종 황제 앞에서 저런 오만한 자세로 일장 훈시를 했을 것이라고 상상되었다. 국가 간의 관계가 아무리 적대적이라 하더라도 외교관의 자세는 예의를 최대한 지키면서 나쁜 관계도 부드럽게 조정하려고 노력해야 한다. 그날의 광경은 못 볼 걸 본 눈을 바로 씻고 싶을 정도로 참담했다. 그 자리에 배석한 아랍에미리트 왕족과 고위 관리들의 심정은 어떠했을까.

참고로 이란은 군사적으로 북한과 가깝게 지내면서 미사일 기술도 제공하고 북한제 무기를 구입하기도 하는 것으로 알려져 있다. 반면에 한국의 무기 개발이나 구입의 1차 목적은 북한에 대한 대응이다. 그러다 보니 이란과 대척점에 있는 아랍에미리트가 자연스럽게 우리와 가까워질 요인도 되는 것이다. 그 결과 아랍에미리트는 우리가 개발한 무기에도 관심이 많다. 내 적의 친구의 적은 나의 우방이 되는 논리라고 할 수 있다.

개그 콘서트에 등장한 '억수르' 왕자

한때 KBS의 인기 코미디 프로그램 〈개그 콘서트〉가 있었다. 이 프로그램에 부자로 유명한 아부다비의 만수르 빈 자이드 알 나흐얀(Sheikh Mansour bin Zayed Al Nahyan) 왕자가 등장해 나를 매우 곤혹스럽게 한 적이 있다. 그 배경은 이렇다. 만수르 왕자는 선왕 자이드의 열한 번째 아들로 무함마드 내통령과 동복인 6명의 성골 왕자 중 한 사람이다. 아랍에미리트 정부에서 경제를 담당하는 부총리를 맡고 있으며 영국 프로축구 1부 리그인 프리미어 리그의 강자인 맨체스터 시티팀의 구단주이기도 하다. 아부다비 왕자들 중 거의 유일하게 두바이 왕가와 통혼(通婚)한 경우로, 두바이의 무함마드(Sheikh Mohammed Al Maktoum) 국왕의 사위이기도 하다. 2008년 두바이의 경제 위기 때 막후에서 활동하며 아부다비의 재정 지원을 통해 조기에 위기를 극복하는 데 크게 기여했으며, 개인적인 비즈니스 활동도 활발히 하면서 중동의 부호로 알려져 있다.

만수르 왕자에게는 사랑하는 부인과 어린 아들이 있는데 그 사진을 인스타그램에 올린 것이 화제가 되었다. 중동에서 부인의 사진을 공개하는 것도 파격적인데다가 어린 아들이 생일선물로 받은 백마에 기린처럼 검은 줄무늬 페인트를 칠하는 사진을 올리는 바람에 네티즌들로부터 부자 왕자는 아들에게 기린도 선물한다는 소문이 퍼졌다. 그래서 만수르라는 이름이 한국 네티즌들 사이에서 부의 상징이 된 것이다.

처음에는 〈개그 콘서트〉에서 부자로 나오는 캐릭터에 '만(萬)수르'라는 이름을 사용했지만, 이게 아랍에미리트의 실제 인물이라는 사실이 알려지면서 '억(億)수르'라는 이름으로 바뀌었다. 다음에는 '억수르'의 아들 캐릭터가 추가로 등장하는데, '무엄하도다'라는 이름을 붙이는 바람에 내가 대경실색한 적이 있다. '무엄하도다'라는 이름은 이슬람 국가에서 가장 흔히 쓰이는 '무함마드(Muhammad)'라는 이름을 활용한 것으로 보이는데, 문제는 이 이름이 이슬람의 선지자 무함마드와 같다는 것이다. 이슬람 국가에서 선지자를 모독하는 행위는 엄청난 범법 행위로 간주된다. 심한 경우 그런 모독 행위를 한 사람에게 테러나 폭행을 저지를 수도 있다.

2005년에 덴마크의 한 신문에서 만평으로 선지자 무함마드를 희화화한 삽화를 실은 적이 있었다. 이 사건으로 모든 이슬람 국가가 발끈하며 곳곳에서 항의 소동이 거칠게 벌어졌고, 덴마크 국민들은 이슬람 국가 여행이 거의 금지되었다. 그로부터 7, 8년이 흘러 주아랍에미리트 덴마크 대사에게 들은 얘기인데, 아직도 자기는 이슬람 국가에 갈 때 조심한다고 했다. 시간이 꽤 흘렀는데도 그러냐고 물어보니 "그들은 절대 잊지 않습니다"라면서 그런 일이 있으면 계속 조심해야 한다고 한숨을 쉬었다. 우리도 그런 실수를 할 가능성이 있다는 생각에 식은땀이 났다. 비록 대사직에서 퇴임한 후에 일어난 일이지만, 우리 외교부 지인에게 그런 사실을 주지시키며 방송사 측과 대화하는 것이 좋겠다고 얘기했다.

〈개그 콘서트〉를 통해 만수르 열풍이 불자 한 라디오 생방송 프로그램에서 나에게 방송 출연 요청이 왔다. 나는 이 문제를 국민에게 알리는 좋은 기회가 될 수 있을 것으로 보고 흔쾌히 승낙했다. 방송사의 의도는 재미있는 얘기이고 하니 만수르 왕자에 대한 뒷얘기를 소개하는 시간으로 기획했겠지만, 나는 한 발짝 더 나아가서 그 위험도 함께 알리고 싶었다. 생방송이라 편집이 불가능하다는 것도 나에게는 좋은 점이었다.

10분 정도 만수르 왕자를 소개하고 이어서 잘못하면 영향력 있는 왕자에 대한 모독이 되어 외교 문제로 비화할 수 있으니 조심해야 한다고 얘기하자 진행자는 당황스러워하는 기색이 역력했다. 양국 관계가 최고조인 만큼 큰 문제는 없을 것이라고 하며 좋게 마무리했다. 이 프로그램은 청취자들에게 위험을 충분히 알리는 계기가 되었다. 상대방 나라의 문화와 종교에 대한 존중이 필요함은 물론이고, 특히 이슬람 세계와 중동의 왕실에 대한 언행은 특히 세심하게 주의해야 한다.

'마즐리스', 중동의 응접실 문화

중동에 가면 마즐리스(Majlis)라는 단어를 많이 접한다. 우리의 손님 대기실, 대청마루, 응접실 같은 명칭으로, 공항 대기실도 마즐리스라고 부른다. 사랑방 좌담회 같은 동네 모임도 마즐리스라고 하는데, 마즐리스를 주최하는 측은 대개 영향력이 큰 사람이거나 부호다. 마즐리스를 개최하기 위해서는 큰 대청마루와 차를 대접하는 많은 하인이 있어야 하기 때문이다. 매주 마즐리스를 개최하는 왕자가 있는가 하면, 무함마드 현 대통령도 왕세제 시절 매주 한 번씩 궁전 응접실을 개방해 마즐리스를 개최하곤 했다.

마즐리스는 조선시대에 양반 부자가 마을 사람들을 불러 음식을 나눠주면서 어려움을 해결해주는 마을 사랑방 같은 행사를 연상케 한다. 일정한 시간이 되면 사람들이 모여들고 주최자가 자리에 앉으면 하인들이 돌아다니며 차와 말린 대추야자를 대접한다. 차는 수시로 채워주므로 마시기를 중단하려면 의사 표시를 분명히 해야 한다. 아랍에미리트에서는 찻잔을 앞으로 내밀면 더 마시겠다는 뜻으로 받아들이고, 좌우로 흔들면 그만 마시겠다는 뜻이 되어 하인이 찻잔을 회수한다. 사람들은 큰 응접실에 둘러 앉아서 주로 옆자리에 앉은 사람과 대화하다 정가운데 앉은 주최자의 옆자리가 비면 재빨리 다가가서 안부 인사를 한다. 충분히 얘기했으면 자기 자리로 돌아오거나 정중히 인사하고 먼저 자리를 뜨기도 한다. 이때 무슨 얘기를 나누느냐는 상황마다 다르겠지만 접하기 쉽지 않은 기회이므로 요점을 잘 전달해야 한다.

중동에서 비즈니스를 하는 사람은 마즐리스 문화를 잘 파악하고 있어야 한다. 중동에서는 마즐리스를 통해 한 커뮤니티 사람들이 정기적으로 만나는 오래된 전통이 있다. 외국인이 마즐리스 행사를 알고 있으면 현지인과의 네트워킹에 아주 유용하다. 별도의 면담을 주선하려면 특별한 용건이 있어야 하고 힘도 많이 들지만 이런 자리는 준비하는 집사에게만 미리 통보하면 쉽게 참석할 수 있다. 게다가 특별한 용건 없이 눈도장 찍기에도 아주 좋다. 주최자가 왕실 인사라면 특히 그렇다. 왕실 인사를 별도로 만나기는 쉽지 않다. 특별한 용건이 있어야 하고, 쉽게 면담을 허락하지도 않는다. 하지만 마즐리스는 주최자가 여러 사람을 한꺼번에 만나기로 한 행사이기 때문에 잠깐 얘기를 들어달라는 요청을 거부하기가 쉽지 않다.

실세인 왕세제가 직접 개최하는 마즐리스는 조금 달랐다. 우선 대부분의 왕자와 각료들이 배석하기 때문에 참석하려면 사전에 의전 비서실을 통해 허락을 받아야 한다. 참석 신청 후에 긍정적인 답변이 올지 장담할 수도 없다. 무엇보다 참석하고자 하는 이유를 잘 설명해야 한다. 참석을 허락받았을 경우, 수백 명이 모이므로 접견 기회를 잘 포착해야 한다. 대사들은 한 번에 4~5명 정도만 초대되기에 접견은 할 수 있다고 봐야 한다. 그래도 순서를 잡아주는 의전관과 눈 사인이 잘 맞아야 하고 대화도 요령 있게 잘 정리해 군더더기가 없어야 한다.

여름에는 무함마드 대통령이 왕세제 시절 본인의 관저 궁전에서 주최하는 학술형 마즐리스도 있었다. 커다란 대청마루에 주요 인사 200명이 넘게 참석하는데 통상 세계적인 석학을 초빙해 강연을 듣고 질의응답을 한다. 나는 마이크로소프트사의 빌 게이츠를 초청한 강연에 미국 대사와 함께 참석한 적이 있다. 아마 한국이 IT 강국이라고 해서 특별히 초대된 것 같았다.

국내 한 유명 정유회사 사장이 나의 권유로 마즐리스에 함께 가게 되었다. 그런데 그는 중동을 20년간 자주 드나들었는데도 이런 행사가 있는지 처음 알았다며 놀라워했다. 비즈니스 목적으로 그렇게 오랫동안 중동을 다녔으면서도 마즐리스를 몰랐다는 게 나는 더 놀라웠다.

▪ 왕세제가 직접 주관하는 응접실 행사(마즐리스)에서 당시 무함마드 왕세제를 접견하는 모습.
오랜 기간 와병 중인 선왕을 보필하여 국정을 총괄하다가
2022년 5월에 아부다비 국왕 겸 제3대 UAE 대통령으로 취임했다.

민간보다 관청이 앞서는 세상

중동의 왕정을 이해하기 위해서는 한국의 과거를 떠올리는 것도 한 방법이다. 지금 한국 상황을 중동의 왕정에 그대로 대입하면 잘 안 맞는 점이 분명히 있다. 왕정에서는 왕의 명령을 수행하는 관료 집단의 역할이 크다. 아직 민간 섹터가 충분히 발달하지 않은 상태에서 족보 있는 집안이나 유학생 출신 등 실력자들이 주로 포진하는 곳은 정부와 공기업이다. 그래서 관공서에 가면 영어가 아주 잘 통하는데, 그것은 그만큼 교육 수준이 높은 사람들이 공공기관에 많다는 방증이다. 또한 아직 민간 기업의 수준이 높지 않아 괜찮은 직장이 공공 쪽에 더 많다고 볼 수도 있다.

한국의 예를 봐도 1980년대 초까지만 해도 좋은 대학을 나온 사람들이 선호하는 직장은 삼성이나 현대 같은 민간 기업이 아닌 한국은행, 산업은행, 석탄공사, 한전 같은 공기업에 입사하거나 공무원이 되는 것이었다. 민간 기업은 공무원이나 공공기관이 어려울 경우 차선책으로 선택했었다. 요즘 다시 공공 섹터가 젊은 구직자들 사이에서 인기를 끌고 있지만, 이 현상은 수입이 조금 적더라도 공공기관이 직장의 안정성 면에서 낫다는 판단 때문이라 중동의 사례와는 다르다. 걸프 왕정국가에서는 관(官)은 출세의 길이고, 길게 보면 부를 쌓는 길이기도 하다.

한국에서 다섯 손가락 안에 드는 건설회사가 대형 정유 공사를 수주하는 데 성공해서 그 회사 사장이 계약서에 서명하는 행사에 초대받은 적이 있다. 행사에 조금 일찍 간 나는 자리 배치를 보고 크게 당황했다. 주빈석에는 공기업인 현지 정유회사 사장과 한국 대사인 내 자리를 배치하고, 정작 서명하고 연설도 해야 하는 한국의 건설회사 사장 자리는 측면 옆자리에 배치된 것이었다. 급히 바꿔달라고 했지만 막무가내였다. 자기네 의전은 대사가 자기네 사장 옆에 앉아야 한다는 것이었다. 그래야 사진도 잘 나오고 현지 신문에 홍보도 된다는 것이었다.

충분히 설명해서 우리 건설회사 사장이 주빈석에 나란히 앉는 것으로 바꾸었다. 그리고 다음부터는 우리 기업 사장의 자리를 중간에 놓고 대사의 자리를 그 옆에 하는 것으로 했다. 이날의 경험은 이들의 생각을 읽는 단초가 되었다. 공사를 수주한 우리 기업은 그들의 일을 수행하는 하청업체에 불과하다는 인식이 바닥에 깔린 것이라고 해석할 수 있어 씁쓸하기만 했다.

민간 부문이 취약하고 공공 섹터가 비대한 것은 중동 국가 리더들의 공통적인 고민이다. 경제가 발전하려면 민간 부문이 지속적으로 성장하면서 일자리를 계속 공급해야 한다. 그런데 대학을 나온 젊은 인재들이 공공 섹터로 가서 편하게 지내려고만 하면 경제 발전에 걸림돌이 될 수밖에 없다. 그래서 아랍에미리트는 '에미라티제이션(Emiratization)', 사우디아라비아는 '사우디제이션(Saudization)'이라는 자국민 우선 고용 정책을 펼치고 있다. 요체는 민간 기업에 더 많은 국민이 자발적으로 근무하게 하고, 정부가 대출을 통해 개인 창업이 활성화되도록 권장하면서, 외국투자기업에게도 자국민들을 좀 더 많이 고용하라고 일정 비율을 정해 사실상 강제하는 것이다. 이것은 자국민들의 소득을 높여주기 위한 단순한 고용의 문제가 아니다. 자국민의 수가 적고 민간기업의 성장이 더딘 대부분의 걸프 중동 국가들이 추구하는 장기적인 경제 발전 전략이라고 이해해야 할 것이다.

한국 KDI 연구팀이 '중소기업의 육성'이라는 주제로 아부다비 정부가 발주한 연구용역을 수행하는 과정에서 초기에 개념이안 잡혀 고민을 많이 했다. 내가 한국에서 중소기업의 육성이란 문자 그대로 대기업이 아닌 '중소'기업의 육성이지만, 걸프 산유국에서는 공기업이 아닌 '민간' 기업의 육성과 '개인' 창업의 활성화라는 뜻으로 이해하는 게 정확하다고 지적해주니 연구팀의 고민이 바로 풀렸다.

중동 국부 펀드의 위상

국부 펀드(Sovereign Wealth Fund: SWF)란 국가가 보유하고 있는 외환이나 재정수입 일부를 활용해 수익성을 주목적으로 해외 자산에 투자하기 위해 만든 펀드를 말한다. 펀드의 소유자가 국가나 중앙은행 등 공공기관이어서 국부 펀드라고 부르는데, 보유 자산 규모에 따라 영국에 있는 국부 펀드기구에서 매년 100대 펀드를 발표하고 있다. 1~2위는 1조 3000억 달러 내외의 노르웨이 연금 펀드와 중국투자공사(CIC)가 각축을 벌이고 있으며, 그 다음은 중동과 싱가포르, 홍콩이 차지하고 있다. 한국투자공사(KIC)는 2020년 기준 1830억 달러로 15위에 해당한다. 주로 주식이나 채권 같은 전통적인 자산에 투자하고 있지만 최근에는 부동산이나 항만 등 인프라 투자도 늘려나가고 있다.

중동의 국부 펀드는 다른 지역과 달리 막대한 오일 달러를 기반으로 하고 있다. 언젠가는 나라의 주수입원인 석유가 고갈

될 것이라는 전제하에 그 수입을 아껴 어딘가에 운용하거나 해외 자산에 투자해 국부를 더 증식한다는 목표를 가지고 있다. 아부다비의 아부다비투자청(ADIA), 사우디아라비아의 공공투자기금(PIF) 같은 것이 대표적이다. 생각해보면 너무나 당연하지만 중동의 왕정국가에서 원유와 원유로부터 나오는 수입만큼 중요한 것이 또 있을까? 그래서 국영석유공사의 회장이나 국부 펀드의 회장직은 국왕이나 왕세자가 상징적이라도 직접 맡는 것이 일반적이다. 회사를 직접 운영하는 사장(CEO)에는 전문성이 있는 유능한 사람을 임명한다. 중동에서 공기업은 회장과 사장이 분리되어 있는데, 실세는 당연히 회장이기 때문에 사장의 승인을 받았다고 끝나는 게 아니라는 점을 명심해야 한다. 대개 회장직은 왕족이나 왕족의 최측근이 여러 개를 맡고 있는데, 중동 산유국에서 비즈니스를 할 때는 누가 회장인지를 알고 접근해야 한다.

한 지인이 우리나라 국민연금공단의 이사장이 되어 유럽 출장길에 아부다비를 잠시 방문한다며 잠깐 보자고 연락이 왔다. 나는 세계 3~4위를 다투는 아부다비투자청(ADIA)과 접촉할 수 있는 좋은 기회라고 생각해 회장인 왕자에게 편지를 썼다. 국민연금의 자산 규모가 얼마나 크고, 얼마나 빠르게 늘어나고 있는지, 그리고 국민연금 이사장의 이력을 소상히 소개하면서 양국이 긴밀하게 협력할 수 있는 또 하나의 분야가 될 것이라고 역설했다. 왕족 중에서도 정말 만나기 힘든 왕자인데, 다행히 허락이 떨어졌고 당일 회의도 화기애애하게 진행되었다.

국민연금은 한국에서는 연금이지만 그 자산의 일부를 해외 자산에 투자한다는 점에서는 국부 펀드라고 볼 수 있다. 회장인 왕자도 대화에 만족했는지, 이례적으로 엘리베이터를 함께 타고 내려와 뜨거운 햇볕 아래 선글라스를 끼고 우리가 떠날 때까지 손을 흔들며 환송해주었다. 왕정국가에서 대단히 예외적인 행동으로 대사 근무 3년 동안 유일무이한 대우였다.

몇 달이 흘러 한국 대통령이 아부다비를 방문했다. 대통령은 갑자기 나에게 왜 국민연금공단 이사장이 업무 관련도 없는 아부다비투자청 회장을 만났냐고 약간 역정 섞인 목소리로 물었다. 순간 어디서 잘못된 정보가 흘러 들어갔다고 판단했다. 그래서 한국 국민연금공단이 이곳에서는 세계 1위 국부 펀드인 노르웨이 연금 펀드와 같은 대접을 받고 있고, 앞으로 양국의 두 기관이 해외투자 과정에서 서로 협력할 점이 많아 어렵게 면담을 성사시켰으며, 결과도 대단히 만족스러웠다고 설명해 무난하게 넘어갔다. 우물 안 개구리처럼 나라 안에서 우리만 바라보고 살아서는 세계 속에서 성장할 기회를 잃을 수 있다는 교훈인 것이다.

▪ 아부다비에 있는 셰이크 자이드 모스크(Sheikh Zayed Grand Mosque Center)

II부

중동의
외교 현장을
뛰어다니다

산유국에 원전이 필요한 이유

아랍에미리트에 있으면서 한국에서 온 국회의원이나 기업인, 공무원한테 가장 많이 들은 질문은 산유국인 아랍에미리트에 왜 원전이 필요하냐는 것이다. 원전 수주의 후속 조치를 위해 임명된 나도 처음에는 같은 의문을 가졌다. 그에 대한 답은 산유국들의 공통적인 고민과 관련이 있다. 언제까지 석유에만 의존해서 살 것인가다. 자원이 석유 하나뿐인 중동 산유국들은 유가의 움직임에 민감하다. 그리고 제대로 된 지도자들은 석유에만 의존하는 천수답(天水畓) 같은 경제에서 벗어나기 위해 준비해야 하고, 또 그렇게 준비할 수 있는 시간이 많지 않다는 사실에 고심하고 있다.

무함마드 아부다비 대통령이 자국 대학생들을 모아놓고 "우리에게 석유 자원은 50년밖에 남아 있지 않다"고 고백한 적이 있다. 나는 이 말을 듣고 깜짝 놀랐다. 대외적으로는 100년은 끄떡

없는 것처럼 얘기해왔기 때문이다. 산유국들이 느끼는 위기감은 우리가 생각하는 것보다 훨씬 크고, 이를 타개할 대책이 필요하다는 절박감을 느끼고 있다. 그래서 이 지역 지도자들이 대안으로 생각하는 것이 산업화와 인재 육성이다. 이것이 한국을 그들의 모델로 생각하는 이유다. 석유 한 방울 나지 않는 대한민국이 인재와 산업화 정책으로 선진국으로 부상한 것을 경이롭게 여기며, 특히 아랍에미리트는 한국에 원전 건설권을 주면서 한국의 산업화 경험을 전수해주기를 기대한 것이다.

한국의 급속한 산업화 성공에 기여한 요소로 보통 외국 차관의 도입, 고속도로 건설과 같은 물류망 구축, 포항제철 설립 등 기초자원의 자급, 경제개발 5개년 계획을 통한 체계적인 경제발전 전략 등이 꼽히고 있다. 그중의 하나로 값싼 전기 에너지의 공급이 있다. 산업화는 필연적으로 전기가 필요하고, 전기를 얼마나 싼 값에 풍부하게 공급할 수 있느냐가 성공 요소다.

한국은 1970년대 후반부터 원전 건설에 착수해 가장 싼 값에 전기를 생산했고, 산업용 용도에 대해서는 전기를 좀 더 저렴하게 공급하는 정책을 일관되게 펴왔다는 사실을 간과하면 안 된다. 따라서 원전의 사고 위험성 때문에 최근 축소 논의가 있다는 점은 인정하더라도, 원전이 한국의 산업화에 기여한 점을 부인해서는 안 된다. 수소 등 미래형 에너지원이 확실하게 자리 잡을 때까지는 원전을 기본 전원으로 유지하면서 시간을 두고 단계적으로 변화를 도모해야 할 것이다.

아랍에미리트가 원전을 건설하기로 결정한 것은 이런 이유에서다. 석유 자원이 존재할 때 어떻게든 석유 의존도를 낮추고 산업화를 이루어 대대손손 자급할 수 있는 탄탄한 경제를 이루고 싶은 것이다. 그러기 위해서는 전기가 반드시 필요한데, 석유나 가스로 전기를 생산하는 것은 발전 단가가 너무 비싸 경제성이 없다. 따라서 석유는 수출해서 돈을 벌고, 그 돈으로 원전을 건설해 낮은 단가의 전기를 생산해 공장을 돌려야 한다는 계산인 것이다.

아랍에미리트의 경제개발계획에 나와 있는 전기 수급에 관한 예측 그래프를 보면 전기 수요는 지속적으로 증가하는데 공급 계획이 턱없이 부족해 그 갭을 원전으로 메우는 것으로 나와 있다. 우리가 현재 건설하고 있는 아부다비의 원전 4기가 모두 완공되면 아랍에미리트 선체 선기 수요의 약 25퍼센트를 메우게 된다.

원전에 대한 국내의 찬반 논쟁이 뜨겁다. 원전은 항상 조심해서 운영해야 하는 위험한 자원이라는 점은 부인할 수 없다. 하지만 지난 반세기 동안 발생한 전 세계 원전 사고 3건 중 최악인 체르노빌 원전은 안전 설계 자체가 취약했던 1980년대 구 소련의 흑연 감속로였고, 우리의 주력 원전과 동일한 경수로인 미국 스리마일 원전은 원자로가 녹아내렸음에도 튼튼한 격납 건물 덕분에 외부 영향이 거의 없었다. 가장 최근 사고인 2011년 일본의 후쿠시마 원전은 모델 자체가 초기 구형인데다, 원전 자체 사고가 아닌 지진으로 유발된 쓰나미에 의한 침수 사고였다.

하지만 우리가 아랍에미리트에 수출한 한국형 원전은 제3세대 원전으로, 이들 1, 2세대 원전과는 안전성 면에서 비교가 되지 않는 최신 원전이다. 우리는 전 세계에서 미국, 러시아, 중국, 프랑스, 일본, 캐나다에 이어 자체적으로 원전 설계와 건설이 가능한 여섯 번째 나라이고, 사실상 세계 최고의 경쟁력을 확보하고 있다. 아랍에미리트 원전은 우리가 미국, 일본, 프랑스와 경쟁해 당당히 승리한 결과물이다.

우리 정부는 한때 근거 없는 안전성에 대한 불안감으로 세계적인 원전 기술을 썩히기로 결정했다. 원전을 아는 사람으로서 이 결정이 너무 아쉬웠다. 아랍에미리트 원전 수출 금액은 총 20조 원에 이른다. 우리가 국내 건설을 중단하면 부품과 장비를 생산해서 공급하는 협력사들은 사라지고 만다. 한마디로 원전 생태계가 붕괴된다. 그렇게 되면 원전 건설 비용이 크게 상승할 수밖에 없고, 운영 단계에서도 후속 지원의 불확실성이 커지기 때문에 한국 원전을 수입할 나라는 거의 없을 것이다.

한국이 세계 수위를 다투는 산업이 몇 개나 될까? 미국 웨스팅하우스(Westinghouse) 제품을 수입해 수십 년에 걸쳐 어렵게 기술을 익히고, 스스로 모델을 개발해 수출하는 단계에 이른 우리 원전 산업을 사라지게 하는 일은 여러 측면을 고려해 신중하게 결정해야 한다.

미래의 저탄소 에너지원으로 수소가 많이 거론되고 있다. 하지만 수소를 생산하기 위해서도 원전은 필수라는 사실을 모르는 사람이 많다. 수소를 생산하는 가장 궁극적인 방법은 물(H_2O)을 전기로 분해해 수소(H)를 끄집어내는 것이다. 그러기 위해서는 전기를 싼값에 생산하는 것이 선결 요건이다. 태양광 에너지가 풍부한 중동이나 호주가 수소 시대의 총아로 떠오르는 것도 그러한 이유에서다.

태양광이 극히 제한된 한국 같은 곳은 무엇으로 수소 시대에 대비할 수 있을까? 현재로서는 중동이나 호주에서 생산된 수소를 LNG처럼 액화시켜 수송해 쓸 수밖에 없는데 물류비가 너무 비싸 해결책이 될 수 없다. 결국은 태양광보다 전력 생산 단가가 훨씬 저렴한 원전으로 해결할 수밖에 없다는 결론이 나온다. 미래에도 원선이 우리 경제가 지속적으로 발전하기 위한 기초 인프라라는 명백한 증거라 하겠다.

태양 에너지가 풍부한 아랍에미리트도 우리가 건설하는 4기의 원전에 더해 4기를 추가로 짓는다는 계획이고, 사우디아라비아는 무려 20기가 넘는 원전을 건설한다는 방침을 세우고 있다. 이들 국가는 석유와 가스 같은 값비싼 에너지는 해외에 수출해 돈을 벌고, 그 돈으로 원전을 건설해 산업이나 생활에 필요한 전기를 상당 부분 충당하는 것이 경제적이고 영속적이라고 판단한 것이다.

일본 후쿠시마 사태 속에 거행된 원전 기공식

한국이 해외에 처음으로 수출한 아랍에미리트 원전은 2009년 12월 말에 정식으로 수주했다. 이후 1년여의 준비를 거쳐 2011년 3월 14일 부지 기공식을 현지에서 개최하는 것으로 합의하고, 현지 대사관은 그 두 달 전부터 대통령의 순방 준비에 착수했다. 주 행사인 원전 기공식 외에 한국에서 파병한 아크부대 방문, 아부다비와 두바이 국왕과의 회담, 양국 비즈니스맨들 간의 포럼, 우리 교민들과의 간담회, 양국 간에 추가로 체결할 양해각서 준비 등이 착착 진행되었다.

대통령의 순방은 2011년 3월 12~14일까지 2박 3일로 최종 확정되었다. 대통령의 순방은 일반인의 해외여행과는 많이 다르다. 양국의 의전팀과 경호팀이 투입되어 동선 하나하나를 주도면밀하게 점검해서 완벽하게 준비해야 한다. 그러다 보면 정작 행사 기간에는 돌발 상황만 아니라면 마치 태권도의 대련처럼 준비

된 각본대로 일사천리로 진행된다. 이 때문에 행사 준비 과정이 힘들지 행사 자체는 오히려 조용히 진행된다. 양해각서 체결 같은 것도 사전에 합의를 마친다. 특별하게 이견이 있어 정상 간 조율이 필요한 경우가 아니라면 텔레비전에서 보는 정상 간의 대면은 최종 서명을 위한 인사와 환담인 경우가 대부분이다.

이렇게 준비가 마무리돼 대통령 일행의 도착만 기다리고 있는데 돌발 상황이 발생했다. 도착 하루 전에 일본의 후쿠시마 원전이 진도 9에 이르는 지진과 이로 인한 엄청난 쓰나미로 침수되는 초유의 사태가 발생한 것이다. 기공식을 계획대로 할 수 있을지, 만약 취소된다면 순방은 예정대로 하게 될지, 아랍 최초의 원전 건설을 강력히 주도한 왕세제는 이 사태에 대해 어떻게 생각하고 있을지 등등의 문제로 머릿속이 복잡해졌다. 어차피 결정은 서울에서 할 것이고 그동안 내가 할 수 있는 일은 아랍에미리트 정부 인사를 만나 그들의 생각을 타진해보는 것이었다.

아랍에미리트 원자력공사 사장에게 긴급 면담을 요청했다. 면담 결과 아랍에미리트 측은 기존 입장에서 흔들림이 없다는 것을 확인했다. 천만다행이었다. 행사 축포를 4개에서 2개로 줄이고, 현장 출입 기자의 수만 줄였으면 좋겠다는 정도였다. 우리가 수주한 원전이 모두 4기라 당초 예정지마다 하나씩 터뜨리자고 했다. 하지만 상황을 고려해 좀 줄이자는 제안이었고 충분히 받아들일 수 있는 수준이었다. 사실 중동에서는 공사 현장에서 축포를 터뜨리는 전통은 없다. 우리 기자들도 있으니 우리 관습도 좀 반영하자고 주장해서 이루어진 것이므로 별 문제가 안 되었다. 다행히 서울에서도 예정대로 순방을 추진하겠다고 결정해서 이를 아랍에미리트 측에 통보하고 준비는 마무리되었다.

다음날 대통령 전용기가 아부다비 왕실 공항에 무사히 착륙했고, 곧바로 순방 일정에 들어갔다. 아랍에미리트에 모인 순방팀 주요 인사들과 우리 원전 관계자들이 대통령과 함께한 간담회가 현장에서 열렸다. 대통령도 참석한 이 간담회에서는 후쿠시마 상황을 분석하고 아랍에미리트 원전 건설에 미칠 영향을 논의했다. 결론은 후쿠시마 사태는 원전 자체의 사고라기보다는 지진에 따른 쓰나미 사고로 보는 것이 타당하다는 것, 일부 피폭자가 발생했지만 사망자는 전원 쓰나미에 의해 발생했다는 것, 아랍에미리트 원전도 해변에 위치하지만 원전이 면하고 있는 아라비아만은 수심이 낮아 쓰나미 발생 확률이 거의 없다는 것, 쓰나미에 대비하기 위해 해변에 방파제가 설계되어 있다는 것 등이었다.

아라비아반도는 원래 지진 지역이 아니고, 지진대는 아라비아만 건너 이란에 있다. 지진파가 아라비아만을 건너 원전 현장까지 도달해 걱정할 만한 영향을 주려면 진앙지에서 리히터 9나 10 정도의 지진이 발생해야 한다. 간담회에서 담당자는 아랍에미리트 원전은 이런 상황에 충분히 대비해 설계했다고 보고했다. 간담회에 배석한 나는 아랍에미리트 측을 만나 이런 점을 강조해

안심시켜줄 수 있겠다는 자신감이 들었다. 나중에 안 사실이지만, 아랍에미리트 정부도 이런 이슈를 제3의 원전 전문가들을 통해 긴급 점검하고, 그 결과 아무런 문제가 없다는 결론을 내린 후 기공식을 예정대로 치르기로 한 것이다. 아부다비 왕국을 이끌고 있는 무함마드 왕세제(현 대통령)의 치밀함과 영민함을 다시 느낄 수 있었다.

우여곡절 끝에 3월 14일 아부다비시에서 300킬로미터 떨어진 바라카(Baraka)라는 원전 부지에서 기공식이 열렸다. 양국 수반이 참석했고, 약속대로 폭죽은 원전 예정지 중 두 곳에서만 작은 규모로 터졌다. 이어서 원자로가 설치될 위치에 깊게 파진 거대한 땅 구덩이 속으로 콘크리트가 타설되는 행사가 진행되었다. 얼마나 큰 구덩이인지 오후 5시부터 시작해 다음날 오후 1시쯤 끝나는 규모였다. 이 정도의 콘크리트 바닥 위에 원자로가 설치되어야 지진이 발생해도 안전하다는 것이 현장 관계자의 설명이었다.

드디어 행사가 시작되고 두 VIP가 스위치를 누르면 큰 골리앗 크레인 같은 곳에 걸린 타설 호스에서 콘크리트가 폭포수처럼 쏟아지는 장관이 연출될 참이었다. 그런데 소식이 없었다. 관계자들이 긴장하며 기다리는 순간이 10초 정도인데 마치 1분은 되는 것 같았다. 내가 그 정도 긴장했으면 행사 주관자인 현대건설과 한전 사장은 얼마나 긴장했을까? 마침내 콘크리트가 호스에

▪ 2011년 원전 부지 기공식에 참석한 무함마드 왕세제(현 UAE 대통령)와 이명박 대통령.
2022년 현재 총 4기 중 1, 2호기가 상업 운전에 들어갔고 2024년까지 4기 모두 완공될 예정이다.
이렇게 되면 UAE 전체 전력 수요의 25퍼센트를 담당하면서 탄소 배출도 크게 줄일 수 있을 것으로 전망된다.

서 쏟아지기 시작했다. 참석자들이 모두 박수치며 환호했지만 한숨을 내쉴 수밖에 없는 아찔한 순간이었다. 다음 행사가 있어 대통령 일행과 나는 헬기로 두바이를 향해 떠났다. 후문에 따르면, 다음날 아침 사막의 열기로 인해 콘크리트가 예상보다 빨리 굳기 시작해 현장에서는 애를 더 먹었다고 한다.

2011년 봄에 착공한 아랍에미리트 원전은 2021년에 제1호기가 완공되어 시험 운전을 거쳐 상업 운전이 개시되었다. 제2호기도 시운전을 진행하면서 상업 운전을 앞두고 있다. 마지막 제4호기는 2024년 완공을 목표로 하고 있다. 한국에서는 아랍에미리트 원전을 수주한 12월 27일을 법정 기념일로 지정해 '원자력 안전 및 진흥의 날'로 기념하고 있다.

새내기 외교관으로 중동 출발을 명받다

2010년 4월, 조달청장으로 근무한 지 1년 3개월이 지나갈 때였다. 서울에서 오찬 약속이 있어 오전 근무를 마무리하고 있던 11시쯤에 청와대에서 연락이 왔다. 김명식 인사기획관이었다. 곧 후임자가 발표될 예정이니 오후에 대전 청사로 가서 이임식을 하라는 것이었다. 기습적인 통보에 낭황했지만 후임자가 누구인지 물어보고 그렇게 하겠다고 했다. 인사기획관과는 잘 아는 사이라 나는 어떻게 되느냐고 허심탄회하게 물어봤다. 인사기획관은 조금 지나면 알게 된다고 웃음 섞인 목소리로 말했다. 나는 대책도 없이 해임되는 건 아니구나 하는 느낌이 들었다.

다음날 직속 상관인 기획재정부 장관의 연락이 왔다. 아랍에미리트 대사로 가게 되었다고 귀띔해주었다. 생각지도 않았던 중동, 들어본 적도 별로 없는 아랍에미리트 대사라는 말에 머릿속이 복잡해졌다. 중동에 가서 내가 할 일이 뭐가 있나, 왜 하필 그

▪ 대사 재임 중 가깝게 지내던 비즈니스맨들.
아부다비 왕족 등 주요 인사들과의 만남을 주선해주기도 하고,
한국에서 오는 비즈니스맨들과도 기꺼이 만나주었다.

런 나라일까, 아내에게는 뭐라고 할까, 사람들은 어떻게 받아들일까 하는 걱정이 꼬리를 물었다. 해외로 나간다면 공석이던 파리 OECD 대사직을 마음에 두고 있던 나로서는 불만이 없을 수 없었다.

그때 몇 달 전인 2009년 12월 말에 아랍에미리트에서 원전을 수주했다는 뉴스가 떠올랐고 그래서 기획재정부와 지식경제부를 거친 나를 적임자로 판단했구나 하는 생각이 들었다. 이 발령을 내가 어떻게 소화해야 할지 고민이 많았다. 그렇게 2~3일이 지난 후 청와대 Y정책실장이 청와대로 들어오라고 했다. 기획재정부에서 상관으로 모신 적이 있는 Y실장은 대통령이 인사 서류를 보고 직접 낙점했으니 아무 소리 하지 말고 현지에 가서 원전 후속 조치를 잘하라고 했다.

원래 외교부에서 경제통을 1명 추천했는데, 대통령이 직급은 차관급으로 하고 경제부처에서 골라보라고 해서 몇 사람을 추천했고 그 중에서 대통령이 나를 선택한 것이었다. 아랍에미리트는 대통령이 그만큼 각별하게 생각하고 있는 곳이므로, 문제가 많은 것으로 보고된 현지 대사관의 기능을 원상회복해야 한다고도 했다. 평소 잘 아는 분이라 허심탄회하게 대화를 나눌 수 있었다. 나는 그런 임무라면 대사 한 명 바꾸는 것만으로는 부족하므로 직원을 대폭 보강해달라고 부탁했다. Y실장은 조직 보강 방안을 문서로 제출해달라고 했다. 3~4일 후 나는 정책실을 방문해 현재

8명인 외교관을 각 부처의 파견관을 포함해 13명으로 증원하는 방안을 제출했다. 한 공관에 외교관 한 명을 늘리기가 얼마나 어려운지 잘 알고 있는 나로서는 5명 정도 요구해야 2명 정도 줄 것이라고 생각했다.

일주일이 흘러 Y실장이 다시 불러 이렇게 말했다. "대통령께서 요구한 5명 다 주라고 하셨다. 다만 현지에 부임해서 상황을 정확히 파악한 후 요청하면 일을 잘할 수 있도록 다 받아주라고 하셨다." 전혀 예상치 않은 결과였다. 결국 아랍에미리트 대사관은 공사 1명, 재경관, 산업관, 국토관, 문화관이 증원되었다. 이 증원은 내가 3년간 현지에서 마음껏 일할 수 있는 중요한 자산이 되었다.

대통령이 오랜 기간 대기업을 경영한 경험이 있어 이런 실용적인 결정을 내리지 않았나 싶다. 사람들은 중동, 아프리카 지역에서 가장 큰 공관이 어디냐고 물어보면 사우디아라비아나 이란, 이집트를 꼽는다. 하지만 아랍에미리트 대사관이 외교관 수로는 가장 큰 공관이다. 게다가 증원 당시 외교부의 직업 외교관보다 각 부처의 파견관 중심으로 조직되어 가장 전문화된 공관이 되었다.

유럽 등 선진국에 나가 있는 대사관의 인원을 다소 줄이고 그 인력을 우리의 실질적인 이익과 결부되고 일거리가 많은 개발도상국에 증원 배치하는 것이 타당하다. 이제는 편한 곳보다 일이 필요한 곳에 자원을 집중하는 실리적인 외교정책이 필요한 것이다.

라 마르세예즈를 들으면 가슴이 뛴다

2010년 6월 아랍에미리트의 수도인 아부다비에 도착한 후 주요 국 대사들을 예방하기 시작했다. 문제는 프랑스 대사였다. 대사관 직원들의 얘기를 들으니 프랑스로 거의 다 결정되었던 원전이 막판에 뒤집히자 프랑스 대사가 화를 삭이지 못하고 우리 대사관에 항의 방문한 적이 있었고 지금도 우리를 곱게 보지 않는다는 것이었다.

한국의 아랍에미리트 원전 수주와 관련해 여러 가지 뒷이야기가 있다. 관련자들의 얘기를 종합해보면, 우리의 막판 노력이 잘 먹혔던 것이 결정적인 요인이었다. 한전과 현지 공관의 보고는 마지막까지 거의 절망적이었다. 외교부 장관이나 전임 총리가 아부다비에 가서 왕세제 등 고위 인사를 방문해봐도 원전은 프랑스가 수주하는 것이 당연하다는 분위기였다. 프랑스는 자국 군함을 아부다비 항만에 상시 배치해 이란의 잠재적 위협을 막아주겠다는 카드도 제시했다고 한다.

온통 부정적인 보고를 접한 이명박 대통령은 마지막 카드로 왕세제를 직접 설득해야겠다며 통화를 시도했다. 하지만 왕세제는 수차례 통화를 회피했다. 여섯 번의 시도 끝에 첫 통화가 이루어졌는데, 대화 요지는 다음과 같았다고 한다. 왕세제가 "죄송하지만 원전은 프랑스로 정해졌습니다. 미안합니다"라고 하자 이명박 대통령은 "그렇다고 들었는데 괜찮습니다. 그러나 우리가 제시할 카드가 많은데 우리 쪽 사람들을 보낼 테니 설명을 한번 들어보시고 결정하시는 것이 어떻겠습니까"라고 응수했다.

그 직후 청와대와 관계 부처, 한전, KDI 등이 참여하는 대책 회의가 열리고 첫 번째 대표단이 한승수 전임 총리를 단장으로 현지에 급파되었다. 아부다비 정부 측은 우리 대표단을 접견한 후 내용을 보강해 좀 더 상세한 카드를 제시해주기를 희망했다. 우리 대표단은 귀국 후 대통령 보고를 마치고 급히 내용을 보강해 곧바로 아부다비로 갔다. 초조하게 결과를 기다리던 중 코펜하겐에 국제회의 참석차 외유 중이던 대통령에게 긴급 연락이 왔다. 연내에 대통령이 아부다비를 방문할 수 없겠냐는 것이었다. 사실상 대한민국의 수주 통보였다. 대통령은 귀국 후 대규모 대표단을 긴급히 구성해 아부다비로 출국했다. 마침내 2009년 12월 27일 현지에서 우리의 첫 해외 원전 수주를 알리는 대국민 발표를 했다.

물론 다른 의견도 있다. 외관상 일어난 일은 이러한 설명과 대체로 일치하지만, 아부다비 정부의 속내는 이미 우리나라로 기울어져 있었다는 것이다. 사정은 이렇다. 한국과 일본, 프랑스가 경쟁하다가 일본이 떨어져나가고 한국과 프랑스의 2파전이 되었다. 우리나라와 프랑스가 제안한 원전은 성능 면에서 차이가 거의 없었지만 가격은 우리가 확실히 낮았다. 이 때문에 아부다비 정부가 한국으로 마음을 정하고 있었고, 그 징후를 우리 관계자들도 여러 측면에서 느낄 수 있었다. 다만 협상에 능한 아부다비 정부가 우리나라로부터 더 많은 협력을 끌어내기 위해 확답을 하지 않고 막판까지 애를 먹였다는 것이다.

이런 사정이 있었다는 것을 나는 부인하지 않는다. 원전 협상을 진두지휘한 아부다비 왕세제가 제조 강국으로 부상한 한국과의 산업 협력을 갈망했고, 원전 협상을 통해 그 계기를 만들고 싶어했다는 것을 느끼고 있었기 때문이다. 물론 그들의 속내를 정확히 읽어내는 것은 불가능하다. 우여곡절 끝에 우리나라가 프랑스를 제치고 원전 해외 수출 1호를 이루어냈다는 사실은 매우 중요하다. 프랑스가 독점하다시피 한 세계 원전 시장에 한국이 교두보를 마련한 것은 대단한 성과임이 분명하다.

현지에 부임한 나는 프랑스 대사에게서 어렵게 면담 일자 통보를 받았다. 차를 타고 프랑스 대사관으로 가면서 프랑스와의 관계를 어떻게 풀어야 할지 고민했다. 이 생각 저 생각 끝에

6~7년 전 프랑스 파리에 소재한 OECD 한국 대표부 근무 시절의 경험을 살려보기로 하고 프랑스 대사의 집무실에 들어서면서 인사를 건넸다. "봉주르, 꼬멍 딸레 부(Bonjour, Comment allez-vous!)" 의아해하는 표정의 대사에게 내가 파리에서 3년을 살았고, 어떻게 프랑스 축구 대표팀의 팬이 되었는지, 프랑스의 축구 영웅 티에리 앙리와 지네딘 지단을 응원했던 경험을 얘기했다.

나는 이어서 말했다. "프랑스는 나에게 제2의 고향 같은 나라이고, 지금도 프랑스의 국가인 라 마르세예즈(La Marseillaise)를 들으면 가슴이 뜁니다(My heart is pounding)." 그러자 프랑스 대사가 환한 미소를 지었고, 아주 오랜 친구가 대화를 나누는 것처럼 분위기가 좋아졌다. 결국 프랑스 대사는 원전 수주는 정상적인 상업적 경쟁이었다며, 한국의 수주를 진심으로 축하하면서 솔직히 부럽다는 얘기까지 꺼냈다. 그는 대사관 바깥까지 나와 나를 배웅했고, 언제든 서로 반갑게 인사하는 사이가 되었다.

휴가 중에 통보받은 대통령의 방문

원전 기공식을 위한 대통령의 1차 방문이 잘 마무리된 지 1년이 채 지나지 않은 시점에 대통령이 또 중동을 순방한다는 발표가 있었다. 이번에는 사우디아라비아와 카타르를 연결하는 일정이었다. 대통령의 중동 순방을 앞두고 아랍에미리트 방문 일정은 계획에 포함되지 않았으므로 대사관은 주말을 기해 아부다비에서 3시간가량 떨어져 있어 평소에는 가기 힘든 라스 알 카이마(Ras Al-Khaimah)로 단체 MT를 갔다.

여자와 아이들은 해변 수영장으로 가고 남자 직원들은 골프를 쳤다. 나는 대사관의 공사와 한 팀이 되어 운동하고 있었는데 공사가 갑자기 휴대전화를 받더니 10분 넘게 통화했다. 한참을 기다리다 공사가 좋지 않은 안색으로 다가오기에 무슨 일이냐고 하니 "별로 안 좋은 소식인데 두 번째 샷을 하고 말씀드릴까요, 바로 말씀드릴까요?"라고 했다. 내가 "바로 얘기해보라"고 하니 공사가 "대통령께서 이번 순방 중에 당일치기지만 아랍에미리트에도 6시간 정도 방문하신답니다"라고 했다.

통상 대통령의 방문은 그 기간이 하루든 이틀이든 상관없이 일정, 의제, 경호, 의전 등 모든 것이 사전에 완벽하게 준비되어야 한다. 그래서 준비 기간도 한 달에서 두 달 정도 필요하고, 정상 방문이 공식 발표되기 훨씬 이전부터 준비하게 되어 있다. 하지만 이번 방문은 불과 한 달을 채 남겨놓지 않고 통보가 온 것이다. 비록 당일치기라고 하지만 긴장하지 않을 수 없었다. 골프를 잘 치는 공사의 스코어는 그다음부터 급전직하로 떨어졌다. 준비를 총괄해야 하는 공사는 대사보다 스트레스가 더 심할 수밖에 없었다. 아랍에미리트를 특별히 좋아하는 대통령의 6시간짜리 두 번째 방문은 이렇게 시작되었다.

정식 국빈 방문이 아니므로 정상회의는 없었다. 대통령과 왕세제 간의 면담과 오찬 장소를 정하는 것이 우선 과제였다. 아랍에미리트 측은 그때 막 준공된 명물 호텔인 안다즈 캐피탈게이트(Andaz Capital Gate) 호텔에서 개최하자고 제의했고 우리는 사전 답사에 들어갔다. 건물 자체가 이탈리아의 피사의 사탑처럼 18도 정도 기울어지도록 설계되었는데, 인공적으로 기울어진 건물로는 세계 최대여서 기네스북에도 등재되어 있다. 일반 호텔과 달리 18층에 호텔 프런트가 있고, 그 옆에 아랍식 레스토랑이 있는데, 그 레스토랑의 이름도 '18 Degrees'라고 지은 아주 흥미로운

■ 안다즈 캐피탈게이트(Andaz Capital Gate) 호텔

건물이었다.

그런데 답사 결과 문제가 있었다. 호텔은 최신식으로 근사한데 건물이 비틀어져 있어 회의실도 비틀어져 있고, 그러다 보니 수행원들의 배석 공간이 적절치 않았다. 게다가 막 지어진 건물이라 회벽 냄새가 심하게 났다. 우리는 방문 기간도 짧고 행사도 하나밖에 없으므로 좀 더 안전한 공간이 좋겠다고 제안했다. 결국 회의와 식사를 모두 아부다비에서 정상들이 가장 많이 머무는 에미리츠 팰리스(Emirates Palace) 호텔로 정했다. 대통령 방문은 성공리에 끝났다. 대통령 일행이 떠난 후 대사관 직원들은 또 한 번의 대통령 행사를 무사히 마친 것을 자축했다.

대통령은 전용기를 타고 다니므로 일정이 비교적 자유롭다. 하지만 해외 순방 중에 당일치기로 한 나라를 방문하는 것은 이례적이다. 그만큼 대통령의 아랍에미리트 사랑이 지극했고, 왕세제와 호흡도 잘 맞았다고 할 수 있다.

아랍에미리트 하면 원전만 생각하는데, 큰 규모는 아니지만 유전을 하나 받았고 지금도 잘 운영되고 있다. 이란이 호르무즈 해협을 막는다고 해서 갑자기 유가가 치솟은 적이 있다. 그때 왕세제는 "친구가 있는데 뭘 걱정합니까? 유사시에는 최우선으로 공급하겠습니다"라며 우리를 안심시켰다. 아랍에서 진정한 친구 사이란 이 정도라고 하지만 그의 감동적인 발언은 지금도 내 기억에 남아 있다.

외교부의 대사 호출

독도나 일본 교과서 같은 예민한 문제를 일본이 건드리면 주한 일본 대사가 외교부의 호출을 받아 외교부 청사에 출두하는 장면을 텔레비전에서 종종 본다. 우리 정부의 불만을 표시하고 상대방의 해명을 요구하는 한편, 주재국의 판단을 본부에 전하라고 요청하는 중요한 외교적인 수단이다.

텔레비전에서 보던 장면처럼 나도 아랍에미리트 외교부로부터 두세 번 호출받은 적이 있다. 그 내용을 상세히 밝힐 수는 없지만, 보통은 외무성 차관이나 의전장이 대사를 호출하는데, 직업 외교관이 아닌 입장에서는 낯설 수밖에 없다. 평소에는 동료처럼 잘 지내던 외교부 관리가 정색하고 해명을 요구하면 기분이 어떻겠는가? 하고 싶은 말이 많고 내심 화가 나기도 한다. 그렇다고 외교관이 주재국을 상대로 논쟁을 벌일 수는 없다. 그래서 항의를 받아들이기로 하고 경청하는 자세를 취했다.

본국을 대신해 야단을 맞는 것도 대사의 업무라는 생각을 위안 삼아 했다. 한편으로는 이왕 맞을 거니까 좀 더 세게 맞는 게 낫겠다고 생각했다. 그래야 본부에서도 사안의 심각성을 깨닫고 문제 해결에 더 관심을 기울일 것이라는 생각에서였다. 본국에 보고해도 수많은 나라를 동시에 상대하는 외교부 입장에서는 현장보다 긴장감이 낮을 수 있다. 해결 태도가 뜨뜻미지근하면 주재국의 화를 돋울 수 있기에 문제를 근본적으로 해결하는 것이 대사 입장에서는 나을 수 있는 것이다.

나는 우리 직원들에게 상대방이 얘기한 대로 가감 없이 최대한 생동감 있게 보고하라고 했다. 덧붙여 전문과 별도로 유선으로 이쪽 분위기를 정확하게 전달하라고 지시했다. 외교부의 업무는 대부분 전문이라는 문서 보고와 지시로 이루어진다. 나는 이걸로는 한계가 있다고 보고, 중요한 일은 전문을 보낸 후 일정 시차를 두고 직접 담당 과장이나 실무자에게 전화해서 관심을 촉구하라고 한 것이다. 외교부 외에 업무의 관련 부처도 반드시 전문의 참조 기관으로 집어넣고 거기에도 전화로 설명하라고 했다. 기관장의 관심이 필요하다고 생각하면 나는 주저 없이 직접 전화하는 방법을 택했다.

한 예로, 세관과 관련된 문제일 경우 내가 관세청장과 세관장에게 전화를 걸어 설명하고 해결 방안을 찾았다. 가능하면 담당 기관에서 서울의 주한 아랍에미리트 공관을 찾아가 대사에게 직접 상황을 설명하고 이해를 구하도록 요청했다. 이렇게 하면 우리의 성의와 진심이 주한 아랍에미리트 공관을 통해 아랍에미리트 외교부로 보고될 수 있는 것이다. 이러한 노력은 효과가 있었고 동일 사안으로 두 번째 부를 때에는 대사의 노력을 감사하게 생각한다는 말을 들을 수 있었다.

외교 전선에서 갈등이나 오해는 언제든지 발생할 수 있다. 그런 점은 양측의 외교진이 어느 정도 이해하고 있다. 결국 성의를 다해 문제를 해결하고 긴장을 누그러뜨리려는 노력이 양측 관계를 원만하게 하는 핵심이다. 한국과 일본의 관계는 워낙 민감해 아랍에미리트의 사례와 비교할 수 없다. 하지만 일본 대사의 호출도 사안의 경중을 따져 완급을 조절해야 한다. 호출을 직접 당해보면 저항심이 생기기도 한다. 또한 상대가 호출에 익숙해지면 유용한 외교 수단인 외교관 호출 효과가 줄어들 수 있다. 한일 관계에서 우리 국민의 감정을 달래주기 위한 고육지책의 측면도 없지 않겠지만 그 부담은 우리 외교부가 지게 된다는 것을 간과해서는 안 되며, 외교정책의 유효성을 지켜내고자 하는 노력이 동반되어야 한다.

왕실 전용기로 전개된 아덴만 해적 이송 작전

2011년 1월 15일, 아랍에미리트의 푸자이라(Fujairah)를 출발해 스리랑카로 향하던 삼호주얼리호(號)가 인도양에서 소말리아 해적들에게 납치되는 사건이 발생했다. 우리 해군은 마침 인도양에서 작전 중이던 최영함을 현장에 급파했고, 1월 21일 새벽 '아덴만 여명작전'이라고 불린 기습 구출 작전을 통해 해적 8명을 사살하고 5명을 체포했다. 이 과정에서 석해균 선장이 복부에 관통상을 입었지만 수술을 거쳐 구사일생으로 살아났다. 생포된 5명의 해적은 서울로 이송되어 재판을 받고 징역 13년에서 무기징역까지 선고받은 후 교도소에 수감되었다.

나는 삼호주얼리호가 아랍에미리트에서 출항했다는 사실 외에는 직접 관련되는 업무는 없는 것으로 판단하고, 뉴스를 통해 진행 상황을 점검했다. 우리 해군의 구출 작전이 성공적으로 끝나자 대사관은 평소대로 업무를 진행했다. 그날도 평소처럼 서울에서 온 손님과 점심 식사를 하고 있는데 오후 1시쯤 휴대전화가 울렸다. 외교부 본부의 국장이었다. 그는 아랍에미리트 정부로부터 항공기를 한 대 빌려보라는 장관의 지시를 전달했다. 청해부대 36진 최영함(4400톤급)이 생포된 해적을 싣고 오만으로 가고 있는데, 아랍에미리트 비행기가 오만으로 가서 해적을 싣고 서울로 이송한다는 구상이었다. 당초 KAL 등 일반 민항기로 싣고 오려 했지만 국제항공규약에 범죄자는 2명 이상 한 비행기에 태울 수 없다는 규정이 있어 이런 계획을 세우게 된 것이었다. 신속히 아랍에미리트 정부와 협의를 개시하고, 당일 밤 12시까지 결과를 알려달라고 했다. 마지막으로 이건 대통령이 직접 내신 아이디어니 유념하라고 했다.

난감하기 짝이 없는 지시였지만 정신이 번쩍 들었다. 우선 손님에게 양해를 구하고 서둘러 점심을 끝낸 후 대사관으로 돌아가면서 방책을 생각했다. 차 안에서 일단 두 가지 조치를 취했다. 첫째, 아랍에미리트 외교부의 정무차관보에게 긴급 면담을 신청했다. 이런 문제가 외교부 차원에서 해결될 수 있다고 생각하지는 않았지만 일단 공식 경로로 요청해야 한다는 생각이 들었다. 둘째, 왕세제실 보좌관에게 긴급히 통화를 요청한다는 전화 메시지를 보냈다. 실낱같은 희망이었지만 주어진 시간 내에 최고위층에게 우리 최고위층의 의사를 전달이라도 하려면 이쪽 경로가 더 가능성이 있었기 때문이다.

다행히 대사관에 도착하자마자 왕세제실 차관급 수석 보좌관이 전화를 걸어왔다. 경위를 설명하면서 이 아이디어는 대통령이 낸 것임을 강조하고, 수락 여부와 상관없이 결과를 금일 중에 알려달라고 신신당부했다. 그리고 외교부 차관보를 만나러 갔다. 예상대로 외교부에서는 보고 절차를 거치려면 며칠이 걸리고, 결론을 예단하기 어렵다고 했다. 지극히 외교적인 답변이었다.

외교부에서 나와 대사관에 도착할 즈음 휴대전화가 울렸다. 왕세제실 보좌관이었다. 2~3초 정도 망설이는데, 옆에 앉은 참사관이 "받아보시죠" 하는 소리에 기도하는 마음으로 전화를 받았다. 보좌관은 거의 일방적으로 결정 사항을 통보했다. 나는 참사관이 함께 기억할 수 있도록 상대방의 말을 복창했다. 기종은 군용 수송기이며, 아부다비 공항 출발부터 오만 무스카트 공항 도착, 다시 오만 공항 이륙까지 시간대별로 계획이 나왔다. 오만 정부에 대한 출입국 신고 요청까지 조치했다는 것이었다.

첫 통화부터 결과 통보까지 걸린 시간은 3시간도 안 되었다. 아부다비 왕세제실의 놀랄 만한 신속한 조치였다. 나는 감사하다는 말을 여러 번 하고 본부에 바로 보고했다. 조금 후 왕세제실에서 다시 연락이 왔다. 군용기는 체공 시간이 짧아 도중에 급유를 위해 기착해야 하므로 왕실 전용기로 교체했다는 통보였다. 반나절 만에 모든 준비를 마칠 수 있었다는 게 믿어지지 않았다.

당시 외교부 장관도 보고를 받고 뛸 듯이 기뻐했다는 얘기를 나중에 들었다. 대통령의 지시를 현지 대사에게 전하면서도 과연 아랍에미리트 정부가 받아들일 수 있을지 의문스러웠다는 것이다.

왕실 전용기는 왕실이 직접 사용하는 고급 제트 비행기로 일반인은 탑승이 어렵다. 그런데 소말리아 해적들이 이 비행기에 탑승했으니 이만저만 호강한 것이 아니다. 해적들 옆에는 마침 아랍에미리트에 파견 나가 있던 우리 특전사 요원들이 배치되어 있어 이송 중에 발생할 수 있는 위험에 대처했다.

비행기가 오만을 떠난 것은 다음날 새벽이었다. 최영함에 있던 해군 헬리콥터로 오만에 내려서 몇백 미터 정도를 이동해 아랍에미리트 왕실 전용기로 갈아타는데도 오만의 출입국 절차를 거쳐야 하기 때문에 출발이 지연된 것이다. 주오만 대사관이 오만 정부와 협의해야 했고 그 과정에서 오만 정부의 조치가 다소 늦어졌다. 오만에서 비행기가 이륙했다는 보고를 무관에게서 받고 나서야 편히 잠자리에 들 수 있었다. 양국 간의 신뢰를 바탕으로 신속한 결정과 조치를 취해준 아부다비 왕실과 왕세제에게 깊이 감사한다.

왕실 비행기 얘기가 나왔으니 한 가지 더 생각나는 것이 있다. 내가 대사로 있던 3년 동안 반기문 UN 사무총장이 1년에 최소 두 번은 아부다비를 방문했다. UN의 이슈 중 절반 이상이 중동과 관련되었다고 하지만 그래도 방문이 잦은 것 같아 슬며시 알아보니 왕실 비행기와 관련 있었다.

UN 사무총장은 전용기가 없어 민간 항공기를 타고 이동해야 한다. UN 사무총장이 중동에 오면 이쪽저쪽 바쁘게 방문해야 한다. 그런데 어떻게 민간 항공을 기다리고 있겠는가? 더욱이 분쟁지역인 리비아나 시리아, 아프가니스탄, 이라크 같은 민간 항공이 자주 없는 지역에 어떻게 접근할 수 있을까?

이때 도움이 되는 것이 아랍에미리트나 카타르의 왕실 전용 비행기다. 중동에 오면 왕실의 협조를 얻어 전용기를 타고 복잡한 국경을 지그재그로 다니면서 일을 효율적으로 수행할 수 있었다. 그 고마움을 표시하기 위해 해마다 1월에 아부다비 정부에서 개최하는 재생에너지 포럼에 반기문 총장은 꼬박꼬박 참석해 자리를 빛냈고, 또 그 기회를 이용해 중동 분쟁지역을 순방하곤 했다. 반기문 총장은 외국인도 혀를 내두를 정도로 엄청난 활동력을 지닌 자랑스러운 UN 사무총장이었다.

무상으로 기증받은 공관 부지

대사관 건물은 현지 건물을 임대하거나 국가 예산으로 토지를 매입해 건축하는 두 가지 방법이 있다. 임대료를 매년 내는 것은 아까울 수밖에 없어서 예산이 허용하는 한 대사관 건물을 구입하거나 신축하는 것이 외교부의 기본 정책 방향이다. 우리 대사관을 직접 소유하는 것을 '국유화'라고 한다.

내가 아랍에미리트 대사로 부임했을 때 우리가 소유한 대사관 건물은 없고 연결된 두 채의 집을 임차해 담을 일부 허물어 대사관 건물로 사용하고 있었다. 외교부의 국유화 일정표에도 아랍에미리트 대사관은 잡혀 있지 않아 언제 국유화가 될지 알 수 없는 상황이었다.

어느 날 아랍에미리트 외무성의 의전장이 중요한 일이 있으니 잠시 들어오라고 연락이 왔다. 서기관 1명과 함께 외무성으로 갔다. 일상적인 대화를 나누던 중 의전장이 서류를 내밀었다. 토지 문서였다. 양국 관계가 원전 수주를 계기로 한 단계 격상된 것을 반영해 대사관 건물을 '외교 구역(Diplomacy District)' 안에 건축할 수 있도록 국가 토지를 한국 정부에 증여한다는 것이었다. 토지 문서 아래에 수기로 아랍어가 쓰여 있는데 그 뜻이 무엇이냐고 하니 "아부다비 왕세제의 지시로 한국 정부에 소유권을 수여한다"는 뜻이라고 했다. 함께 간 서기관이 아랍어를 유창하게 구사하는 직원이라 확인시켰더니 맞다고 했다.

면적이 무려 1만 7000제곱미터에 이르는 넓은 대지인데다 입지도 외교 구역 내에서 거의 한복판으로 미국 대사관에서 불과 200미터밖에 떨어지지 않은 요지였다. 이걸 증여한다고 하니 놀라지 않을 수 없었다. 토지 가격이 얼마인지는 정확히 판단하기 힘들지만 인근 상업지구의 시세와 비교해보면 수백억 원에 달하는 큰 선물이었다. 나는 몇 가지 사실을 정확하게 확인하기 위해 의전장에게 양해를 구한 뒤, 내가 한국어로 말하면 서기관이 아랍어로 통역하게 했다.

확인할 내용은 세 가지였다. 첫째, '소유권' 이전이라고 하는데 맞느냐는 것이었다. 맞다고 했다. 그럼 우리가 나중에 매각할 수도 있느냐고 했더니 그것은 좀 곤란하다면서, 대신 대사관 목적으로 사용하는 한 영구히 사용 가능하다고 했다. 둘째, 소유권의 '이전'이라고 했는데 그럼 무상이 확실하냐는 것이었다. 다른 나라의 경우 대사관 부지를 상대 국가 내의 같은 면적의 토지와 바꾸자고 했다는 얘기를 들었기 때문인데, 그것도 아니라고 했다. 한마디로 대가를 요구할 생각이 없다는 것이었다. 다만 이 부분은 뒤에 얘기하겠지만 우리 정부의 도의적인 부채로 남게 된다. 셋째, 면적이 상당히 넓은데 대사관 외에 관저와 문화관을 같이 건립해도 되느냐는 것이었다. 의전장은 관저는 상관이 없지만 토지를 증여한 몇몇 다른 대사관들의 경우와 형평성 문제가 있기 때문에 문화관까지는 곤란하다고 했다. 만약 문화관 부지가 필요하면 별도로 고려해볼 수 있다고 했다.

서둘러 토지 문서를 지참하고 대사관으로 돌아온 후 본부에 이 사실을 상세하게 보고했다. 토지 문서도 별도 파우치 편으로 외교부 본부로 보내면서 영구 보존 문서로 처리해줄 것을 건의했다. 그리고 그 이전에 대사관의 총무를 불러 토지 문서를 보내기 전에 3부를 복사해 두도록 했다. 세월이 지나면 영구 보존 문서라도 기억에서 사라지고 서류함에 파묻혀 찾기 힘든 상태가 될지도 모르기 때문이었다. 복사된 3부는 각각 나눠서 1부는 대사실, 1부는 회의실, 1부는 총무 사무실에 보관하되 모두 액자에 넣어서 벽에 걸어놓으라고 했다. 그게 가장 확실한 보존 방법이라고 생각했다.

다음 문제는 이 부지에 대사관을 짓기 위해 본부의 승낙을 받고 건축을 위한 우리 정부 예산을 확보하는 것이었다. 친정인 기획재정부 예산실에 확인해보니 이미 정부 예산이 확정되어 국회에 나간 상태라 차년도 예산 확보는 늦었다고 했다. 유일한 가능성은 국회 심의 과정에서 예산을 추가하는 것이었다. 하지만 국회의원을 설득하는 게 쉽지 않을 것이었다. 나는 아랍에미리트 정부가 선의로, 그것도 왕세제의 지시로 증여한 땅을 2년 가까이 착공도 하지 않고 놀리고 있는 것은 예의도 아니고 또 만약 양국 관계가 어떤 일로 틀어지게 되면 없었던 일이 될 위험도 있기에 가급적 이른 시일 내에 착공이 이루어져야 한다고 판단했다.

국회의원 명단을 보며 고민한 결과 집권당의 국회 예결위원장을 직접 설득하기로 했다. 마침 친구의 매형이었기에 일면식은 없지만 사안의 중요성과 조기 착공의 필요성을 설명하면 받아들여질 수 있겠다는 생각이 들었다. 5쪽이 넘는 긴 편지로 상황을 자세하게 작성해 친구에게 보내면서 매형에게 전달해달라고 부탁했다. 천만다행으로 위원장은 편지를 받고 대사관 신축을 위한 설계 예산을 차년도 예산으로 반영하는 데 힘을 써주었다. 우여곡절 끝에 대사관 설계 예산이 차년도 예산으로 확정되었다. 건축비 예산은 일단 설계 예산이 확보되어 일정 내에 설계가 이루어지면 그다음 연도 예산에 거의 자동으로 반영되는 것이니까 안심할 수 있었다. 예산 문제는 이렇게 증여를 받은 해당연도 내에 신속하게 해결되었다.

다음은 실제 건물 설계에 들어가는 것이었다. 외교부 직원들은 통상 대사관 건물 국유화를 자기 임기 중에는 원하지 않는다는 얘기가 있다. 나중에 잘 지었느니 못 지었느니 두고두고 논란만 되고 정작 본인은 신축 건물의 수혜를 누리지 못하기 때문이다. 일부러 회피하지는 않겠지만 책임감이 그만큼 크다는 얘기가 아닌가 싶다.

건축이 확정되고 예산까지 받았으니 설계를 잘해야 할 텐데 이 분야는 경험이 없어 걱정스러웠다. 우선 아부다비 외교단지에 최근 신축한 대사관을 찾아다니며 대사들에게 조언을 들었다. 친하게 지내던 튀르키예 대사는 비밀스러운 공간까지 보여주며 중동에서는 어떠한 가능성에도 미리 대처해야 한다는 얘기까지 해 주었다. 영국 대사관은 정문의 출입장치가 테러에 대비해 독특하게 만들어졌다.

원전 경험 전수 차원에서 주쿠웨이트 한국 대사관을 방문할 일이 있어서, 대사관 신축과 관련해 참고하기로 했다. 마침 주쿠웨이트 한국 대사관은 국유화 사업을 마치고 대사관과 관저 건물에 입주를 마친 상황이었다. 쿠웨이트 대사는 신축 관저 건물이 날림이어서 부임하자마자 부부가 고생하고 있었다. 한국업체가 맡아 공사를 했는데도 마루가 삐걱대고 모래 먼지가 창틈으로 새어 들어오는가 하면, 에어컨은 얼마 안 쓰고 바로 고장 나는 등 문제가 이만저만이 아니었다.

쿠웨이트의 일본 대사관도 신축한 지 얼마 안 돼 참고가 되었다. 외관이 광화문 정부청사 같은 일본 대사관은 창문도 작고

무미건조한 사각형 건물이라 건축미는 떨어지지만 보안 측면에서는 안정적으로 보였다. 반면에 우리 대사관은 서울시 신청사나 용산구청 청사처럼 외장에 유리를 많이 사용해서 보기는 좋았지만, 더운 열대지방에서 에너지 효율이나 보안 측면에서 문제가 많아 보였다. 이런 점을 반면교사 차원에서 정리해 설계업체 현장 설명회 때 참고사항으로 활용했다. 우리가 짓는 것은 박물관이 아니라 관청임을 강조하고, 특히 언제 어떻게 사정이 변할지 모르는 중동에서 보안과 에너지 효율이 무엇보다 중요하다는 것을 누누이 강조했다.

마침내 2013년 봄에 아랍에미리트 외교부 고위 관리가 참석한 가운데 우리 교민 대표들까지 불러 건물 착공식을 했다. 그리고 나는 임기가 다 돼 아랍에미리트를 떠났다. 대사관 건물은 입찰을 거쳐 우리나라 회사인 삼우건축에서 설계했는데, 물건을 담는 옛날 우리 '함지'를 모델로 하고 여기에 중동식 문양을 가미했다.

아랍에미리트로부터 무상으로 대사관 부지를 증여받고 보니, 대가가 없다는 것을 확약받기는 했지만 대사로서는 마음의 짐이 생겼다. 아랍에미리트도 한국에 있는 자신들의 대사관이 급격히 확대된 업무량에 비해 턱없이 비좁아 신축을 추진하고 있는데 마땅한 부지를 찾지 못하고 있었다. 서울의 땅값이 아랍에미리트에 비해 엄청나게 높아 증여는 생각할 수 없었지만 부지를 찾는 것이라도 도와줘야 할 것 같았다. 국유지를 관장하는 기획재정부에 사정을 설명하며 부탁하고, 서울시장에게 이메일을 보내 시유지 중에서 대사관 적지를 찾아봐달라고 직접 부탁도 했다. 몇 군데 후보지 중에 한 군데를 아랍에미리트 측이 원했지만 서울시의회에서 매각에 부정적이어서 실질적인 도움을 주지는 못했다. 양국 간의 신뢰를 기반으로 잘 풀렸으면 좋았을 텐데, 지금도 못내 아쉬운 일이다.

중동의 사막에 온 특전사

한국은 여러 가지 이유로 해외에 군대를 파견했다. 레바논에 동명부대, 이라크에 자이툰부대, 인도양에 청해부대 그리고 아랍에미리트에 아크부대가 파병되어 있다. 아크(Akh)는 아랍어로 '형제'라는 뜻이다. 2010년 5월 한국군 특전사 방문을 통해 특전사의 우수성을 확인한 아랍에미리트 왕세제는 그해 8월 우리 국방부 장관의 아랍에미리트 방문 때 특전사 대원들의 파견을 공식 요청했다. 아랍에미리트 측의 요청과 양국 간 협력 및 우호 증진을 위해 국회의 의결을 거쳐 2011년 초 대한민국 최초의 군사협력 파견 부대인 '아랍에미리트 군사훈련협력단' 일명 '아크부대'가 창설되고, 그해 1월 11일 1진 파병 이후 6개월 주기로 병력을 교대하면서 임무를 수행하고 있다.

양국 관계의 증진에 기여하는 상징적인 군사협력의 한 방법으로 추진된 이 부대 파병의 정당성을 놓고 약간의 정치적인 논란이 있었다. 하지만 나는 부대를 방문하는 정치인은 한 사람도 예외 없이 가슴 벅차하는 모습을 지켜보았다. 한번은 국정감사를 끝내고 난 후 식사를 하고 있었는데 의원들에게 오후에는 사막 구경도 할 겸 아크부대를 방문해서 우리 부대원들을 격려해주면 어떻겠냐고 건의했다. 기습적인 제안에 야당 의원들은 다소 당황했지만 결국 동의했고 대사관 무관이 즉각 준비에 들어갔다. 사실은 아크부대장에게 국회의원들이 방문할 수 있으니 준비를 해두라고 사전에 일러두었다.

국내에서는 정치적인 입장에 따라 논란이 있지만 막상 중동 현장에서 일하는 한국 사람들을 보면 누구나 감동할 수밖에 없을 것이라는 확신이 있었다. 현장에 도착한 의원들은 군복 상의를 착용했다. 젊은 병사들이 그 앞에서 태권도 시범을 하고, 훈련 사진도 함께 감상했다. 그리고 모두 어울려 사신을 씩다 보니 여야가 없었고 한 가족이 되었다. 국회의장을 지낸 한 의원은 부대원들 앞에서 격려사를 하다가 우리 젊은이들이 안쓰러웠는지 말을 잇지 못하고 눈물을 흘렸다.

아크부대원들은 주로 아랍에미리트 특전요원들을 훈련시키고, 양국 특전사 요원 간의 합동훈련을 하며, 대테러전이나 고공낙하 훈련 같은 것을 하고 있다. 나는 대사 재임 중에 여러 차례 아크부대를 방문해 위문품을 전달하고 지휘관과 대화를 나누었는데, 부대 파병의 의미와 관련해 재미있는 이야기를 들었다. 요즘 한국에서는 공수낙하 훈련을 하는 데 어려움이 많다. 훈련하기에 적합한 장소를 찾기도 어렵지만, 낙하 훈련을 하기 위해서는 대상 지역의 전력을 일시 차단해야 하는데 주민들이 싫어해서 자주 실시하기 힘들다는 것이다. 그래서 한국에서는 1년에 열 번 뛰기도 쉽지 않은데 광활한 사막이 펼쳐져 있는 중동에서는 전력 차단이 필요 없고 언제든 훈련할 수 있어서, 한국에서라면 몇 년간 할 점프를 6개월 파병 기간에 다 할 수 있다는 것이다.

우리가 아랍에미리트 군인들의 훈련을 돕기 위해 와 있지만 실상 우리가 얻어가는 게 더 많다는 것이다. 아랍에미리트가 돈이 많은 나라이다 보니 우리에게는 없는 특수한 장비도 활용할 수 있고, 대테러전 훈련장에도 우리에게는 없는 특수 시설이 있어서 우리 장병들의 훈련에 많은 도움이 된다는 것이다.

특전사가 파병되어 있는 알아인(Al Ain)은 아부다비에서 승용차로 2시간가량 가야 하는 곳이다. 'Al Ain'은 아랍어로 '샘물'이라는 뜻이다. 현 아부다비 왕가의 고향으로 원래 오아시스 지역인데다 가로수도 많아 상대적으로 상당히 푸른 곳이다. 아랍에미리트와 돌산이 많은 이웃 오만이 접경하는 도시여서 회색빛 산이지만 그나마 산을 볼 수 있는 이색적인 곳이다. 돌산 정상에는 관광호텔이 있고 전망대도 만들어져 있는데, 올라가는 찻길도 잘돼 있어서 이 지역에 가면 꼭 한번 방문하라고 권하고 싶다.

알아인은 아랍에미리트에서 가장 큰 종합대학인 UAE 대학이 있는 교육도시다. UAE 대학에는 학생 스스로 조직한 한국클럽이 있다. K팝 등 한국 문화에 심취한 여학생들이 주로 회원으로 가입되어 있다. 학교에서 개최하는 코리아 데이(Korea Day) 행사가 열리면 대사관에서 김밥, 떡볶이, 만두 등 인기 높은 한국 음식을 지원하고, 아크부대 요원들이 태권도 시범을 보이기도 한다.

알아인 지역에는 작지만 깔끔한 옛 아부다비 왕실의 왕궁, 오아시스의 옛 원형, 다른 지역에서 보기 힘든 붉은 빛깔의 아름다운 사막 언덕, 서양의 기독교 선교사가 처음 들어와 건립한 최초의 서양식 병원인 오아시스 병원, 오만 국경을 지나자마자 펼쳐지는 돌산 사이로 내려다보이는 마른 계곡이 볼 만하다.

중동 환자를 유치하라

코로나19 영향으로 많이 줄었지만 코로나 사태 이전에 큰 종합병원에 가보면 중동 사람을 심심치 않게 볼 수 있었다. 중동 환자가 한국에 오기 시작한 지는 오래되지 않았다. 아랍에미리트에서 우연히 시작되었는데 배경은 이렇다. 2009년 말 한국이 아부다비 정부로부터 원전을 수주하면서 반대급부로 몇 가지 약속을 했다. 조선, 반도체, IT 등 아랍에미리트의 미약한 산업 발전에 도움을 주겠다는 약속을 양해각서로 맺었다. 이 약속이 예상보다 잘 진척되지 않자 아부다비 정부가 불만을 제기했고, 나는 여러 가지 대응책을 고민하다가 조선업처럼 사막 기후에 적합하지 않은 산업을 계속 추진하기보다는 양측에 실질적으로 도움이 되는 산업으로 바꿔보자고 제안했다. 아부다비의 최고위직으로부터 그런 것이 있다면 생각해볼 수 있다는 답변을 어렵게 받아냈다.

그렇게 시작된 게 보건의료 협력이다. 우선 중동 환자의 서울

유치부터 출발해 우리 병원의 아랍에미리트 진출로 발전시키고, 장차 아랍에미리트를 중동의 의료 허브로 만드는 데 한국이 기여할 수 있다고 제안했다. 이 구상은 우리에게도 좋지만 당시 국내에서 치료가 힘든 중증 환자들을 정부 지원으로 해외로 보내는 제도를 운영하던 아부다비 정부도 경비 절약과 함께 의료산업의 발전이라는 점에서 긍정적으로 받아들였다.

국내 8개 대형병원 중 4개 병원을 파견 대상 병원으로 지정하고, 아부다비의 첫 국비 지원 환자가 서울로 왔다. 이후 2~3년도 안 돼 국비 환자뿐만 아니라 군 환자와 자비로 오는 민간 환자까지 수천 명의 아부다비 환자들이 서울에서 치료를 받았다. 이 소문이 나면서 인근 국가들도 아부다비 정부와 체결한 것과 같은 보건의료 분야의 협력 약정을 희망했다. 그래서 사우디아라비아, 카타르 등과 약정을 체결했다. 중동 환자 유치 시대가 활짝 열렸고, 이어서 서울대병원, 우리들병원, 안강병원, 힘찬병원 등의 중동 진출도 성사되었다.

중동 환자 유치가 지금은 별 문제 없는 것처럼 보이지만 초기에는 제약 요소가 많았다. 한 예로, 무슬림 환자를 어떻게 맞이해야 하는지 전혀 대비되어 있지 않았다. 서울에 도착하면 어떻게 이동하고, 어디서 자며, 무엇을 먹고, 어떻게 대화하며, 종교활동을 어떻게 해야 하는지에 대한 준비가 거의 없었던 것이다.

나는 한국에서 가장 큰 S종합병원에 가서 직접 자문을 해주었다. 병원 측에서는 무슬림 환자의 기도소를 지을 공간이 없다고 호소했지만 걱정할 필요가 없었다. 병원 안에 조용한 공간이 있으면 카펫을 깔고 메카를 향해 기도할 수 있도록 화살표를 벽에 표시해주면 되었다. 그리고 문밖에 남성과 여성을 구별해 'Prayer Room'이라는 표시를 해주면 충분하다고 했다. 입국하는 환자 수가 급격히 증가하면서 무슬림의 국내 체류를 전반적으로 지원하는 서비스업체도 우후죽순 생겨났다. 나중에는 서비스의 질 저하 문제가 제기되었다. 다행히 한국은 무슬림에 대한 차별이 적은 나라여서 중동 사람들이 편하고 자유롭게 한국 생활을 할 수 있었다. 서로 상생하는 구조가 비교적 쉽게 만들어진 것이다. 치료 효과가 좋고 체류하기에 쾌적한 나라라는 입소문이 나면서 더 많은 중동 환자가 서울을 선호하게 되었다. 우연히 시작된 사업이 큰 성공으로 발전한 사례라 하겠다.

중동 환자들은 혼자 오기도 하지만 가족 단위로 오는 경우가 많다. 이른바 패키지 투어다. 우리나라에서 단체 패키지는 서로 모르는 사람들이 한 여행상품을 선택해서 함께 여행 가는 것을 말하는데, 중동 산유국에서는 한 가족 10여 명이 여행사를 선택해 함께 하는 여행을 말한다. 환자들도 마찬가지인데, 보통 환자의 부인, 아이들, 아이들을 보살피는 보모들(내니)이 치료 기간에 서울에 동반 체류한다. 그 기간에 아이들을 위한 놀이동산도 가고, 쇼핑도 하고, 얼굴 마사지도 받으면서 함께 지낸다. 다른 나라 환자에 비해 환자 1인당 소비 금액이 많고, 음식, 통역, 교통, 관광 등 부대 서비스업에 기여하는 바도 큰 구조다. 무슬림 환자에게는 먹는 게 가장 큰 문제인데, 요즘은 국내에도 할랄 음식(Halal food, 이슬람 율법에 따라 허용되는 음식)을 파는 전용 음식점이 있고 배달 서비스도 가능하다. 중동 사람들도 한국에 체류하기가 몇 년 전에 비해 훨씬 편해졌다고 말한다.

이렇게 한국의 의료 수준이 중동에 알려지면서 2013년에는 서울대병원이 아랍에미리트의 국립 할리파병원 운영권을 따내는 쾌거를 거두었다. 그전만 해도 한국의 병원이나 의료 수준은 중동에서 거의 알려지지 않았다. 국왕이 국민들에 대한 은전으로 베풀어주는 해외 전지 치료의 대상도 미국, 영국, 독일, 태국 등으로만 제한되어 있었다. 내가 왜 한국이 빠져 있느냐고 아랍에미리트 관계자에게 물었더니, 우선 한국의 수준을 잘 모르고 환자들도 미지의 나라인 한국을 전지 치료지로 선택할 확률이 거의 없기 때문이라고 했다.

태국이 포함된 이유를 묻자 관광도 겸할 수 있는 나라여서 선호도가 높고 서비스가 전반적으로 좋다고 했다. 아랍에미리트에서 해외로 나가는 환자가 매년 13만 명에 이른다. 한국의 의료 수준이 어느 정도로 높은지는 아부다비의 보건청 관계자들도 의료 잡지를 통해 어느 정도는 알고 있지만, 국왕이 보내주는 환자들이라 그들의 서비스 만족도도 중요하다고 했다. 처음 아부다비

보건청 실사단이 우리나라를 방문했을 때 대형 종합병원들이 지혜롭게 잘 대응해 이런 의문은 풀렸고, 서울대병원의 중동 진출까지 이어진 것이다.

서울대병원의 진출이 성사되기까지는 2년 가까운 시간이 걸렸다. 시장을 파악하고 사람을 만나 사귀고 신뢰를 쌓는 데 시간이 걸린 것이다. 되돌아보면 힘은 들었지만 현지 상황을 정확하게 파악하는 데 걸린 투자 기간이었다는 생각이 든다. 이 과정은 나의 학교 후배인 서울대병원 성명훈 선생의 아랍에미리트 방문으로 시작되었다. 성 선생은 노태우 대통령의 코 수술을 맡아 집도한 능력 있는 이비인후과 전공의로 또 다른 후배인 권순엽 미국 변호사와 동행했다. 두 사람은 내가 송도 경제자유구역 개발을 관장하던 시절에 만나 외국 병원 유치를 의논하던 사이였다. 한 사람은 유능하고 신뢰받는 의사, 한 사람은 영어가 능통하고 통신회사의 CEO까지 해서 회사 경영에 밝은 실력 있는 변호사였다.

하지만 두 사람은 중동에 대한 지식과 정보가 부족해 내 도움이 필요했다. 나는 우리나라를 대표하는 병원이 중동에 관심을 갖는 것만으로도 감사해서 어떻게든 성과를 내려고 노력했다. 많은 사람을 만나고 여러 제안을 검토했지만 수익성 등의 문제로 대부분 중도에 그치고 말았다. 그렇게 2년 정도 흘러갔고 마지막 프로젝트가 국립 할리파병원이었다. 사정을 모르는 사람들은 운이 좋아 성사되었다고 여길지 모르지만 나는 2년의 노력이 쌓여 이루어진 필연이라고 믿는다. 오랫동안 기다려준 서울대병원과 로펌의 인내의 소산인 것이다. 최종 단계인 입찰 준비도 잘 이루어져 결국 서울대병원이 할리파병원 운영권을 확보했다. 성 원장은 국립 할리파병원의 초대 원장이 되었으며, 병원은 지금도 잘 운영되고 있다.

중동의 의료 상황은 우리나라와 많이 다르다. 한 예로, 우리나라에서는 건강검진이 일반화되어 병원들이 수익을 많이 내는 분야다. 그래서 해외 진출을 고려하는 국내 병원들이 모두 검진센터를 1순위로 고려하지만, 중동에서는 건강검진이 일반화되어 있지 않다. 돈이 있는 사람들은 유럽에 관광 겸 가서 검진을 받지만 우리처럼 취직이 되면 기업에서 해주거나 건강보험에서 일괄적으로 해주는 체계가 갖춰져 있지 않다.

그렇다면 병원이 나서서 건강검진을 받으라고 홍보하고 마케팅에 돈이 들어가야 하는데, 현지 사정에 어두운 상황에서 감당하기는 쉽지 않다. 치과나 성형외과, 정형외과 등에 대한 관심도 높은데, 그것도 현지 상황을 감안하지 않으면 실패할 확률이 높다. 중동 사람들은 대체로 코가 높아서 코를 높이는 데 관심이 별로 없다. 피부에 대한 생각도 다르다. 파스텔톤 계열의 우리나라 화장품은 원색을 좋아하는 중동 사람들에게 잘 맞지 않다. 비만율이 높아 척추나 관절 환자가 많아서 정형외과도 전망이 좋은데, 나이 많은 현지인들은 입원이나 외과적인 수술을 기피하는

▪ 서울대병원이 UAE에 진출해 셰이크 할리파 전문병원을 2014년부터 위탁 운영하고 있다.
초대 병원장을 맡은 성명훈 박사(오른쪽에서 두 번째) 협상팀이 현지를 방문해 현지 투자자와 만났다.

경향이 있다. 그래서 큰 병이 아니라면 병원에 가기보다는 집에서 동남아 출신 개인 간호사들의 마사지나 받으면서 지내려는 경향도 있다고 한다. 현지 진출을 생각한다면 이런 점들을 종합적으로 고려해서 신중하게 결정할 것을 권하고 싶다.

대한민국은 MOU 공화국

우리가 비즈니스에서 자주 사용하는 용어로 양해각서가 있다. 영어로는 MOU(Memorandum of Understanding)다. 정식 계약은 아니고 서로 약속하는 정도의 문서로 법적인 구속력이 전혀 없다(non-binding). 한마디로 내용 이행 여부에 대한 책임을 질 필요가 거의 없는 약속 문서다.

걸프 산유국에서는 우리나라를 'MOU 공화국'이라고 농담 반 진담 반으로 얘기한다. 한국에서 오는 공공기관 사람들은 늘 MOU를 체결하자고 하는데 아무 내용도 없는 MOU를 왜 그리 고집하는지 이해되지 않는다는 것이다. 우리나라 공무원이나 공기업 사장들은 출장 중의 성과를 보도자료로 남기길 원한다. 그래야 출장 가서 놀고 온 것이 아님을 입증할 수 있는데, 그런 속사정을 그들이 어떻게 알 것인가?

그들은 협상과 계약의 체결이 있을 뿐이다. 그런데 MOU는 협상도 없고 법적으로 책임을 져야 하는 계약도 필요 없다. 그들 입장에서는 MOU 체결을 원하는 한국 공무원들이 아주 허망한 사람들로 느껴질 수 있는 것이다. 우리는 밑져야 본전이라고 생각할지 모르지만 외교적으로 보면 신뢰 상실로 인한 손실이 적지 않다. 그래서 나는 서울에서 대표단이 오더라도 MOU는 가급적 체결하지 않는 것을 원칙으로 삼았다. 꼭 필요하다면 사전에 협의해서 내용이 조금이라도 있는 MOU를 체결하든지, 아니면 MOU 체결 후 6개월 이내에 후속 조치를 할 수 있는 경우에 한해 진행하라고 조언하곤 했다.

MOU는 양국 정상이 방문할 때도 많이 체결한다. 이 경우에는 내용 있는 MOU가 많고, 후속 조치도 수반되기 때문에 별 문제가 없다. 그래서 대통령의 방문이 예정된 경우에 외교부 주관으로 몇 달 전부터 각 부처에서 그 대상을 발굴하는 작업에 착수한다. 그렇게 만들어지는 MOU가 3~5개이고, 정상회담 때 양국 정상이 지켜보는 가운데 두 나라의 담당 기관장이 앞에 나가 서명하는 방식으로 의식이 진행된다.

정상회담이 있는 경우에도 부처의 과잉 충성이 일어나면 'MOU 공화국' 병이 도지는 경우를 목격한 적도 있다. 전직 대통령 중 한 분이 중동 4개 국을 순방하면서 모두 44개의 MOU를 체결한 것이다. MOU의 실체를 잘 아는 내 눈에는 급조된 게 상당수 있을 것이라는 생각이 들었다. 아니나 다를까, 후속 작업이 별로 이루어진 것이 없어 대통령이 화를 냈다는 얘기를 들었다. 순방해서 약속만 하면 바로 성과가 나오는 줄 알고 있었던 대통령도 문제지만, MOU만 체결하면 일이 다 된 듯 허장성세를 한 공무원도 문제가 있는 것이다.

걸프 산유국 사람들은 오랜 기간 상업에 종사해왔기에 비즈니스에 대단히 밝다. 처음 몇 번은 탐색하느라 넘어가지만 조금만 지나면 상대방의 의도를 날카롭게 간파하는 능력이 있다. 우리는 구속력이 없는 MOU를 체결하는 것이 문제 될 게 뭐냐고 생각할 수 있지만, 걸프 산유국에서는 형식만 찾는 실속 없는 사람들이라는 인상을 줄 수 있다. 내용 없는 MOU 추진은 우리의 격과 신뢰를 떨어뜨릴 수 있다는 것을 명심해야 한다.

중동 자본이라도 가져와라

걸프 산유국들이 돈이 많은 것이 사실이지만 그렇다고 돈을 함부로 쓰지는 않는다. 걸프 산유국의 지도자들은 석유로 번 돈을 미래를 위해 효율적으로 투자해야 한다는 것을 잘 알고 있다. 그래서 국부 펀드를 여러 개 만들고 세계 최고의 자산 운용 전문가들을 채용해 좋은 투자처를 찾고자 최선을 다하고 있다.

그런 점에서 우리나라가 경제적으로 어려울 때마다 "중동 자본이라도 좀 가져와라"는 말처럼 잘못된 말은 없다. 역대 대통령들도 쉽게 하는 이 지시에는 중동 사람들이 돈은 좀 있지만 운용은 허술할 테니 우리가 어려울 때 그들을 잘 구슬려서 돈 좀 쓰는 게 어떠냐는 생각이 담겨 있다. 천만의 말씀이다. 중동 자본은 놀고 있는 자본이 아니다. 월 스트리트 등 전 세계에서 스카우트된 최고의 전문가들이 수익률이 높은 투자처를 찾아 부지런히 움직이고 있다. 그런데 한국은 구조조정 대상 기업이나 매물로 내놓으니 중동 자본이 관심을 가질 이유가 없다. 전 세계에서 내로라 하는 기업들이 형편이 어려워지면 찾는 곳이 중동 자본이다. 그렇다 보니 그들의 콧대는 높고 요구하는 수익률도 최소 20퍼센트 이상이다.

반면에 우리나라가 투자설명회 같은 기회를 통해 내놓는 M&A 매물을 보면 수익률이 기껏해야 7~8퍼센트 정도다. 게다가 노조나 정치적인 이슈가 개입되어 있어서 그들이 보기에 리스크가 높아서 관심을 가지지 않는다. 지난 30년을 돌아봐도 중동 자본에 대한 얘기는 많았지만 유치에 성공한 경우는 거의 없다. 두바이 정부가 투자한 부산 신항만과 사우디 아람코가 투자한 S-오일 정도가 겨우 생각날 것이다. 2008년 초기에 두바이로부터 20억 달러를 유치했다는 언론 보도가 있었지만 성과로 이어지지 못했다. 또 불과 몇 년 전에는 김포 근처에 인천시와 두바이 정부가 함께 투자하는 대형 스마트시티 사업이 추진된다고 했지만 우리의 규제를 풀지 못해 시작하기도 전에 좌초되었다.

중동 자본은 왜 이렇게 유치하기 어려운지 투자자 입장에서 판단해볼 필요가 있다. 땅값과 인건비는 비싸고 정부 규제와 노동 환경은 어느 나라보다 빡빡하다. 반면에 미국이나 아일랜드처럼 공장 부지를 무상으로 제공한다든지 설비 투자 자금의 일부를 현금으로 지원하는 것 같은 파격적인 제안에는 인색하고, 싱가포르처럼 영어가 잘 통용되는 것도 아니어서 가족들을 데리고 와서 사는 것을 부담으로 느낀다. 좋은 조건에 유치를 희망하는 나라가 많은데 굳이 대한민국에 투자할 이유가 없는 것이다.

그런데 중동 투자 유치에 성공한 S건설사가 있다. 법정관리 중이라 회생하기 위해서는 외국 투자가 절실했다. 하지만 외국 투자자들에게 매력이 별로 없어 나에게 중동계 투자 유치를 위한 자문을 구해왔다. 회사 사정과 과거 건설 이력을 들으면서 어떻게, 누구를 설득하느냐가 중요하다고 생각했다. 이 회사는 이미 말레이시아 등 해외에 유명한 건물을 지은 실적이 많았다. 특히 두바이 한복판에 누구나 아는 대형 호텔도 지었고 두바이 국왕 소유의 도심 랜드마크 건물도 건설한 실적이 있다. 이 때문에 두바이에서 명성이나 신뢰도가 상당히 높은 회사였다.

나는 두바이 정부 산하 국부 펀드의 하나인 ICD(Investment Corporation of Dubai)에서 중요 보직에 있는 한국인 임원에게 연락했다. 중동에서 많은 건설 사업이 벌어지고 있고, 두바이는 2021년 엑스포 개최국이라 건설 특수가 있는데 자국 건설사 없이 외국계 건설사에만 의지하지 말고 한국의 건설사를 인수하는게 어떠냐고 제안했다. 1년간의 협상 끝에 결국 두바이 정부가 이 회사를 인수함으로써 성공적인 투자 유치 사례가 되었다.

모든 협상이 그렇지만 윈윈(win-win)하고자 하는 노력이 중요하다. 국제협상 분야의 최고 권위자로 알려진 하버드 대학의 로저 피셔(Roger Fisher) 교수는 협상이란 "어느 한 쪽이 완승하는 것이 아니라 양측의 상반된 이익 가운데 어느 한 곳에서 타협하는 것"이라고 강조했다. 잇속이 밝은 중동 사람의 마음을 잡으려면 항상 너도 좋고 나도 좋은 것 아니냐는 자세로 임하는 것이 중요하다.

참고로, 두바이 엑스포는 당초 2020년 말 개최가 목표였지만 코로나 사태로 1년 연기돼 2021년 10월부터 2022년 3월 말까지 성황리에 개최되었다. 문재인 전 대통령도 중동 순방 중에 들러 아름답게 지은 한국관 등을 둘러보고 참여 기업들을 격려했다.

글로벌 스탠더드에 못 미치는
우리의 비즈니스 관행

중동의 건설 현장을 보면 우리 건설업계의 관행이 아직도 국제 수준에 못 미친다는 것을 느낄 수 있다. 먼저 입찰 과정에서 출혈적인 가격 경쟁을 벌이는 모습을 지적할 수 있다. 외국 회사에 비해 엄청나게 낮게 원가를 책정하는 것은 물론이고 우리나라 기업끼리 자존심을 건 싸움이 보통이 아니다. 이 문제는 대사 임명장을 받은 직후 대통령이 나에게 적극적으로 대처해달라고 당부한 내용이다. 그래서 각별히 관심을 쏟았지만 해결하기 힘든 구조적인 문제가 많았다.

고질적인 출혈 경쟁은 그전까지 서양 기업들의 안방 같던 중동의 플랜트 건설시장을 2000년대 말에 우리 기업들이 빠르게 석권한 비결이다. 하지만 몇 년 안 가 우리 기업들이 해외 건설시장에서 적자로 엄청난 시련을 겪는 원인이 되었다. 우선 중동시장은 하도급업체를 후려쳐서 원가를 맞추는 한국식 관행이 먹히지 않는다. 게다가 공사 진행 과정마다 매의 눈으로 감시하고 가차 없이 시정 조치를 요구하는 감리(주로 서양 회사들이 맡아서 수행)의 역할이 우리나라처럼 허술하지 않다. 공사 여건도 날씨가 좋은 우리나라와는 차이가 많다. 따라서 위험 요인에 대한 대처가 필요해서 예비비 성격의 금액이 공사 원가에 반영되어야 하는데, 우리는 원가를 맞출 수 있다는 자만심 때문에 공사 금액 책정 단계부터 너무 빠듯하게 잡아놓다 보니 공사에 조금만 차질이 있어도 적자가 발생한다. 특히 관급 공사에서는 발주자인 중동 정부도 우리 정부처럼 녹록하지 않다. 약하게 보일수록 더욱 얕잡아 보는 경우가 많은데, 이럴 때 우리 기업들은 대부분 허둥지둥하며 당황한다. 예상치 못한 반응이라 놀라고, 또 서울에 있는 본사에 보고하는 것도 걱정되다 보니 상대에게 더욱 만만해 보인다.

한번은 현지 정유회사의 사장이 만나자고 연락을 해왔다. 그를 만났더니 한국업체는 공사 대금은 싸고 공사도 신속하게 잘하는데 예의가 없다고 했다. 이유를 물으니 공사 대금 지급에 문제가 생겨 좀 늦어졌는데 여러 번 면담 요청이 오다가 잘 안 만나주니 밤 늦은 시간에 집까지 찾아와 문을 두드리며 자기를 만나자고 해서 정말 화가 나더라는 것이다. 발주자가 얼마나 까다롭게 굴었으면 그랬을까, 우리 지사장도 얼마나 급하면 그랬을까 하는 생각도 들었지만, 정상적인 경로로 대처하지 않고 한국에서도 하지 않는 무리한 방법을 썼다는 생각에 얼굴이 붉어졌다.

또 한번은 공사 현장에서 콘크리트 공사 중에 이물질을 무단으로 섞은 것이 감리단에 적발되었다. 공사업체 관계자에게 왜 그렇게 했느냐고 물으니 "한국에서는 다 그렇게 한다"는 책임 회피성 답변을 너무 쉽게 하더라는 것이다. 결국은 다 물어내고 다시 시공하는 것으로 대가를 치렀지만 우리 기업의 후진적인 모습을 보인 것이라는 생각이 들었다.

해외 공사를 하다 보면 아무리 열심히 해도 기한을 못 지켜서 '지연 벌금'을 내는 경우가 왕왕 발생한다. 우리 기업들은 발주자가 '설계 변경(design change)' 같은 여러 요구를 자주 해서 공사가 지연되는 경우가 많다고 호소한다. 두 가지를 비교해서 책임 소재를 따져 정산하게 되는데, 중동의 발주자들은 자기들 때문에 늦어진 책임은 무시하고 단순히 시간이 늦어진 것만 악착같이 따지는 경향이 있다.

이런 기술적인 다툼에 대응하기 위해서는 그동안 교신한 이메일 같은 것을 꼼꼼하게 기록해야 하는데, 우리 기업들은 이런 기록에 약하다 보니 정작 공사 대금 지불 시점이 되었을 때 합당한 대가를 받지 못한다. 요즘은 양측 간의 이견을 정리해주는 전문 용역업체들이 생겨서 대기업이나 중견기업들이 적극 활용한다고 하니 다행이다. 우리도 외국 건설업체들처럼 발주자들의 변경 요청이 있을 때마다 좋은 게 좋은 거라고 고개를 끄덕대지 말고 요구 사항을 계약서에 추가하고 훗날에 대비하는 꼼꼼한 비즈니스 관행을 세워나가야 한다.

변호사 같은 전문가를 잘 활용하는 것도 중요하다. 우리는 문제가 발생해야 변호사를 찾는다고 생각한다. 하지만 중동은 선진 시장처럼 계약 관행이 잘 정립되어 있거나 시장의 신의가 잘 지켜지는 곳이 아니다. 중동에서 사업할 때는 언젠가 문제가 발생한다는 전제하에 계약서 작성 단계부터 법률적인 조언을 받는 것이 중요하다. 중동에서 다툼이 일어나면 아무리 유능한 변호사를 쓰더라도 현지인을 상대로 소송에서 이기기는 정말 힘들다. 다툼이 일어나지 않도록 예방하는 것이 가장 중요하고, 다툼이 일어나더라도 계약 위반에 대한 벌칙 조항 같은 것을 처음부터 계약서에 잘 반영해놓음으로써 소송으로 가면 상대방도 힘들어진다는 점을 분명히 하는 것이 중요하다.

중동에 진출한 우리 기업들이 계약 갱신 과정에서 어려움을 겪는 경우를 많이 보았다. 그런 어려움을 줄일 수 있는 내 나름의 예방법 몇 가지를 제시한다.

첫째, 현지 파트너를 잘 골라야 한다. 중동에서 사업하려면 어차피 현지 파트너가 필요하다. 그런데 거의 처음 만난 것이나 다름없는 사람을 소개받아 투자하겠다고 하는 것보다 무모한 행동은 없다. 중동에서 사업하려면 최소 2년 정도는 사람에 투자하기를 권한다. 서로 친교하면서 상대방을 완전히 파악하고, 가능하면 진정한 친구 관계가 되는 것이 중요하다.

둘째, 현지 시장조사를 다각적으로 해야 한다. 많은 사람이 한국에서의 성공 경험을 바탕으로 막연한 환상만 가지고 중동에 진출했다가 어려움을 겪고 절망하는 경우를 적지 않게 목격했다. 중동은 더우니까 빙수는 무조건 성공할 것이라든지, 성형외과가 한국에서 돈을 많이 버니까 중동에서도 당연히 잘 될 것이라고 지레짐작하는 것이 대표적인 사례. 시장조사를 통해 현지 사정을 잘 분석하고, 필요하다면 중동시장에 밝은 외국 용역업체에 사전 조사를 의뢰해야 한다. 이런 초기 투자를 아끼지 말라고 권하고 싶다.

셋째, 전문가의 활용은 사업을 준비하는 초기 단계에서 더 필요하다는 점을 다시 강조한다. 근래 해외에 진출하는 우리 기업을 위해 경제성 분석이나 법률 비용, 지사 대행 지원 등 초기 비용을 지원하는 정부 프로그램이 많이 생겼다. 이런 프로그램을 알아보고 적극 활용해볼 것을 권한다.

넷째, 그 나라의 관습과 문화, 종교, 기후 등을 공부해야 한다. 미국이나 유럽은 우리의 상상 범위 안에 있지만, 중동은 여러 면에서 우리와 여건이 너무 다르다. 요즘은 정보 접근이 과거보다 많이 편해졌다. 이런 환경을 활용해 사전 공부를 적극적으로 할 필요가 있다.

나는 아직도 지인들에게 중동에 관해 어이없는 질문을 많이 받는다. 그럴 때마다 우리가 이 정도로 중동을 모를 수 있나 하는

착잡한 마음이 든다. 중동에 관한 강연을 멈추지 않고, 이 책을 집필하는 이유이기도 하다. 중동에 관광 목적으로 가는 것이야 별다른 준비가 필요하지 않지만, 사업이 목적이거나 식구들과 동반 거주하려면 적어도 1년 정도는 열심히 공부하고 준비한 후 진출할 것을 권하고 싶다.

공관 사람들 이야기

가장 힘든 외교관, 총무와 영사

대사관 직원들이 모두 고생하지만 그중에서도 총무와 영사의 고생이 가장 심하다. 이들은 몸으로 때운다는 말이 어울릴 만큼 어려움을 겪는다. 주로 초임 외교관이 숙명처럼 담당하는 직무라 어디 하소연하기도 쉽지 않다. 가장 어려운 일을 초임이 감당하다 보니 더 힘든지도 모른다. 큰 공관에 가면 총무과, 영사과 등 과(課) 단위로 되어 있어 직원들이 업무를 분담하지만 대부분의 작은 공관에서는 혼자 감당해야 한다.

총무는 이름 그대로 대사관 건물과 비품 조달, 유지 보수, 기사 등 현지 채용 직원들의 관리, 관저의 운영과 행사 지원, 요리사 등 소속 직원의 관리, 예산 운영 등 온갖 대소사를 책임지다 보니 쉴 날이 거의 없다. 같이 일하던 한 총무는 어느 날 내게 조용히 찾아와 사표를 내밀었다. 왜 그러냐고 하니 아이도 둘이고 일이 너무 힘들어서 민간 회사에 재취업하겠다는 것이다. 설득하는 중에 그가 갑자기 닭똥 같은 눈물을 뚝뚝 흘렸다. "그렇게 힘든가요"라고 물으니 "일이 파도처럼 몰려오는데 도대체 끝날 것 같지 않습니다"라고 했다. 다시 이성적으로 설득했다. "외교관직이 얼마나 어렵게 얻은 자리인가요? 그만두는 것은 언제든 결심할 수 있지만 한번 그만두면 다시는 이 자리에 돌아올 수 없으니 신중하게 판단해야 합니다. 그리고 아주 힘든 일은 곧 끝날 것 같으니 동트기 전에 가장 어두운 시기를 지나고 있다고 생각하세요"라고 위로해주었다. 대사인 나도 작은 공관의 총무 업무가 그렇게 힘들고 어려운지 그제야 깨달았다.

영사는 주재하고 있는 나라 사람들에게 비자를 발급해주고 우리나라 교민들을 뒷바라지하는 게 주 업무다. 한국 사람이 많이 사는 곳에는 총영사관을 두어 영사 일만 전담시키기도 한다. LA, 이스탄불, 두바이, 상해, 상파울로, 오사카, 프랑크푸르트 같은 곳에는 해당 도시의 영사 업무만 총괄하는 총영사관이 있다. 필리핀처럼 교민이 관여된 사건 사고가 많은 곳에는 총영사관을 별도로 두고 있지 않더라도 경찰 주재관이 파견되어 외교 영사와 합동으로 근무한다.

하지만 그렇지 않은 나라의 경우 대사관에는 직원 중 1명이 영사 직분을 수행하는데 상황에 따라 업무 부담이 만만치 않다.

아랍에미리트의 아부다비 쪽에는 원전을 비롯해 공사 현장이 많아 한국의 건설 인력들이 많이 파견되어 있다. 과거와 달라 식사나 숙소, 근무지 여건이 좋아 충분히 잘 지낼 수 있지만 사고도 적지 않다. 외롭다 보니 외부에 있는 무허가 식당에 나가서 몰래 음주하다가 경찰에 적발되는 경우도 있고, 음주 후 밤길에 운전하다 충돌 사고를 내거나 사막길에서 전복 사고가 나는 경우도 있다. 이럴 때는 지체 없이 현지에 출동해 상황을 파악하고, 현지 경찰과 협조해 사건을 무마하거나 사고 수습을 해야 한다. 불행히 사망 사고라도 나면 서울의 가족과 연락하고 그들의 입국부터 출국, 운구 절차까지 모든 일을 감당해야 한다.

밤 10시가 넘어 휴대전화가 울리면 긴장하게 된다. 영사의 목소리면 사고임이 분명하다. 사고 개요를 듣고 영사에게 출동을 지시한다. 250킬로미터 이상 떨어진 건설 현장을 향해 캄캄한 사막길을 달려갈 영사를 생각하면 잠이 제대로 오지 않는다.

아랍에미리트에는 두바이에 총영사관이 따로 있다. 사람들은 두바이가 멋있는 도시니까 총영사 자리가 얼마나 좋으냐고 하지만 사실 외교부에서 기피하는 곳 중 하나다. 아프리카나 중동, 심지어 유럽으로 가는 사람들까지 두바이를 거쳐 간다. 총영사는 공항에 나가 귀빈들의 편의를 챙기는 것이 업무다. 반드시 그렇게 해야 하는 것은 아니지만 거의 관행이 되어 있다. 더욱이 두바이 공항은 비행기를 갈아타는, 소위 '스톱오버(stopover)' 손님들을 받기 위해 설계되었다. 이 때문에 새벽에 도착하고 새벽에 떠나는 손님이 많다. 총영사의 눈이 충혈되어 있는 것을 볼 때마다 마음이 불편했다. 우리나라도 이제 선진국이 되었으니 국회의원이라 해도 대접받지 않고 해외여행을 다니는 것에 익숙해질 때가 되었다고 생각한다.

총영사 얘기가 나온 김에 한 가지 더하자면 대사와 총영사의 관계다. 한 국가에 2명의 수장급 외교관이 존재하고, 2명 모두 열심히 일하다 보면 불가피하게 갈등이 일어날 수 있다. 더구나 총영사의 관할 지역이 우리 교민이 많이 사는 큰 도시여서 그 도시에서 일어나는 일은 자신이 직접 본국에 보고할 권리가 있다고 판단하고, 대사가 그 도시에 관한 일에는 간섭하지 않기를 원하는 경우가 많다.

심지어 대사가 다녀갔다는 사실만으로, 또는 그곳에 와서 교민들과 회동했다는 사실만으로도 언짢아하는 경우가 있다고 들었다. 나는 외부에서 특임 대사로 들어간 사람이라 이런 점을 이해하기 힘들었다. 때로는 각자, 때로는 힘을 합쳐 일하고 함께 평가받는다고 생각하면 좋지 않을까.

내 경우에는 성격이 원만하고 좋은 분들이 두바이 총영사로 계셔서 아주 사이좋게 지냈다. 광복절 행사는 아부다비에서 개최하되 두바이 총영사가 아부다비에 와서 함께 행사에 참석하고, 연말 교민잔치는 교민이 많은 두바이에서 개최하되 대사인 내가 두바이에 가서 자리를 함께했다. 연설도 함께 하자고 제안했지만 총영사가 양보해서 내가 대표로 했다. '아름다운 동거'라는 말이 떠오르는 장면이었다. 대사관에서 보고할 것도 두바이와 관련된 것이라면 우리가 조사한 것을 총영사에게 넘겨주기도 했다.

사람이 하는 일이다 보니 모든 게 항상 순조로울 수는 없다. 내가 떠나고 난 후에는 관계가 좋지 않아졌다는 얘기를 듣고 속으로 개탄스러웠다. 다 같은 외교부 소속이므로 인사를 할 때 좀 더 세심하게 성격이나 기수 관계 등을 고려하면 불필요한 갈등을 줄일 수 있을 것이다.

가족을 그리워한 인도 운전사 자이누딘

중동에 살다 보면 운전을 직접 하기도 하지만 인도나 파키스탄 기사를 고용하기도 한다. 직접 운전을 하면 경비가 줄어드는 장점이 있지만 뜨거운 날씨에 낯선 곳에서 차량 관리와 주차도 신경 써야 하고 두바이처럼 일방 통행이 많아 운전이 쉽지 않은 곳에서는 사고 위험이 높아서 사정이 된다면 기사 채용을 권한다.

특히 사막을 여행할 때는 길이 단조로워 졸리기도 하고, 길에 깔린 모래 때문에 사고 위험이 있으므로 각별히 신경써야 한다. 나는 주말에 사적인 볼일을 볼 때는 내 차를 직접 운전했다. 아부다비를 벗어나 먼 지역을 개인 손님과 함께 여행하려면 기사와 함께 좀 큰 차를 렌트해서 이용하기도 했다. 내 차를 쓰되 기사만 별도 고용해서 운전을 맡기기도 했는데, 비용이 그렇게 높지 않아 충분히 이용할 만했고 무엇보다 안전해서 좋았다

대사 차의 전담 기사는 자이누딘이라는 인도 출신 무슬림이었다. 3년 꼬박 대사의 차를 몰아준 성실한 사람이었다. 라마단 기간에는 물 한 모금 못 마시고, 식사도 거르면서 안전하게 운전했다. 편도 3시간 넘게 걸리는 원전 현장을 다녀올 때도 졸지 않고 자기 임무에 충실했다.

일반적으로 기사들은 1년에 한 번 한 달간의 휴가를 갖는다. 자이누딘은 인도 서쪽의 해안 도시인 케랄라에 아내와 어린 아들이 있었다. 돈을 벌기 위해 아부다비에 와 있었고 해마다 휴가를 다녀왔다. 그를 보면 1970년대에 우리 아버지들이 돈을 벌기 위해 중동에 건설 노동자로 가서 고생하다가 1~2년에 한 번 정도 휴가를 내서 어렵게 고국을 방문하던 시대가 생각났다.

자이누딘이 연가를 끝내고 돌아온 지 보름쯤 지났을 시점에 얼굴이 왠지 어두워 보였다. 출근길에 무슨 걱정이 있느냐고 물었다. 벌써 애가 보고 싶고, 앞으로 1년을 못 본다고 생각하니 그런 것뿐이라고 대답했다. 나에게도 다 컸지만 떨어져 지내는 자식들이 있고 해서 그 말이 마음에 걸렸다. 그래서 내가 아이디어를 냈다.

"자이누딘, 나 같으면 1년에 한 달씩 한 번 가기보다 6개월마다 보름씩 휴가를 쓰겠다. 그게 낫지 않을까?"

그러자 자이누딘은 "대사님, 비행기를 두 번 타면 비용이 두 배가 나오는데 어떻게 그렇게 할 수 있겠습니까"라고 말했다.

아부다비에서 인도 케랄라까지는 비행시간이 2시간 정도라 별거 아니라고 생각한 게 실수였다. 내친김에 "비행기 왕복 티켓값이 얼마인지 알아봐. 반은 내가 내줄게"라고 말했다. 예상대로 그렇게 큰 금액은 아니었다. 나는 약속대로 티켓값의 절반을 주고 1년에 두 번 휴가를 나눠 쓰는 것을 허락했다. 내게는 큰돈이 아니지만 자이누딘에게는 크나큰 희망이 되었을 터였다.

그 후 자이누딘의 얼굴이 밝아졌고 그 모습을 보는 나도 마음이 가벼웠다. 자이누딘의 휴가 기간에는 대사관의 젊은 인도인 기사 사딕이 임시로 대사 차를 몰았다. 그동안 내 아내가 잘해줬는지 사딕은 내 아내가 자기를 부를 때면 자기 어머니가 부르는 목소리와 비슷해서 행복했다고 수차례 고백했다.

외국에서 살다 보면 외국인과 자연스럽게 접촉할 일이 많아진다. 그때마다 그들도 우리와 똑같은 사람이라는 것을 느낀다. 특히 중동인들의 외모가 우리와 너무 달라 보이고 거리감이 느껴져도 가까이 지내다 보면 결국은 사람 사는 것은 똑같다. 한국인들의 인정은 전 세계에서 통하는 우리의 장점인 것 같다. 중동 사람 눈에 한국인, 중국인, 일본인은 거의 비슷하게 생겨 보여서 차이점을 잘 모르겠다고 한다. 하지만 그중에 한국 사람이 가장 인간성이 좋아 호감이 간다는 이야기를 현지인으로부터 종종 들었다.

국제결혼한 한국 여직원의 아들 입양 작전

대사관에는 한국에서 파견된 외교관들이 업무의 주축이지만, 추가로 필요한 상당수의 인력은 현지에서 계약직으로 채용한다. 그중에는 한국 교포도 업무 능력에 따라 행정 보조 인력으로 고용한다. 내가 근무한 파리의 OECD 한국 대표부에는 어린 시절 프랑스 부모에게 입양되어 프랑스인으로 자라난 한국 태생 직원이 있었고, 아랍에미리트 대사관에는 해외 유학 중에 이탈리아 사람과 국제결혼하고 한국 관련 업무를 위해 채용된 여직원이 있었다. 이런 사람들을 만나면 남다른 관심이 가서 최대한 도와주고 싶은 생각이 들 수밖에 없다.

하루는 국제결혼을 한 여직원이 대사실을 노크했다. 자신의 신상을 얘기하고는 외교부의 현지 채용 직원에 대한 휴가 제도에 문제가 있어 상담을 원한다고 했다. 유학 중에 이탈리아 남자와 만나 결혼했는데 아이가 좀처럼 생기지 않아 노력을 많이 했고, 이탈리아 시어머니까지 나서서 엄마를 닮은 한국 아이를 입양하는 것이 어떠냐고 종용한다는 것이다. 이탈리아 사람은 아시아 사람과 정서가 비슷해 가족관계를 중시하므로 입양을 통해 가족을 형성하는 것을 문제 삼지 않는다고 했다.

한국에 가서 입양 문제를 해결하려면 시간이 걸릴 것 같은데 허용된 휴가 기간이 최장 한 달이라 좀 길게 쓸 수 있는 방법이 없겠냐는 것이었다. 충분히 이해되는 형편이라 도와주고는 싶지만 외교부 규정을 지켜야 하는 게 고민이었다. 여직원에게 한번 고민해볼 테니 너무 걱정하지 말라고 했다.

이런 문제는 해외 공관 경험이 풍부한 공사와 휴가 문제를 담당하는 총무가 함께 해결해야 한다. 셋이 모여 상의하니 휴가는 규정상 최장 한 달이라 그 기간이 지나면 해직할 수밖에 없고, 그 다음에 다시 채용하는 방법밖에 없었다. 내가 아이디어를 냈다. "일단 규정대로 한 달의 휴가를 주고, 서울 체류 기간이 길어지면 대체 인력을 투입합시다. 만약 이런 일이 벌어지면 묵인하기로 하고, 혹시 문제가 되면 대사인 내가 책임지지요"라고 했다. 두 사람이 주저하자 내가 "우리도 좋은 일 한번 합시다. 우리 교민을 위해 규정을 적극적으로 해석하는 것도 외교관의 책무가 아닙니까"라고 했다. 그러자 공사도 "그러면 대사님께서 원하는 대로 하시지요"라며 미소를 지었다. 총무도 업무량이 증가하는 것은 본인이 알아서 감당하겠다고 했다. 여직원은 입양을 위해 한국으로 갔다. 입양을 추진하는 과정에서 "입양지가 이탈리아인데 제

3국인 아부다비에 살고 있으면 안 된다"는 등 교민의 해외입양과 관련한 국내의 불합리한 제도로 다소 어려움을 겪고 있다는 소식을 보내왔다. 국내 규제는 내가 도와줄 수 있는 방법이 딱히 없어 안타까웠다.

다행히 한 달이 조금 지나 그 여직원이 돌아왔다고 신고하면서 주말에 관저로 찾아오겠다고 연락이 왔다. 무사히 남자아이를 입양했고, 그 아이를 보여드리고 싶다고 했다. 주말에 관저에서 우리 부부가 아이를 기다리고 있는데, 마치 내 손주를 기다리는 것처럼 설레었다. 초인종이 울리고 아이를 안고 들어오는데 아이의 얼굴이 엄마를 많이 닮은 듯해 기분이 더 좋았다.

다음날 조회 시간에 그간에 있었던 비공식 입양 작전을 전 직원에게 공개하고 동참해준 공사와 총무에게 감사의 마음을 전했다. 그 직진은 어띤 외교직 싱과보다 기분 좋은 기억으로 남아 있다.

앵무새를 키운 가수 요리사

대사관에는 공식적으로 요리사가 1명씩 있다. 대사로 내정되면 신경 써야 하는 일 중 하나가 관저 요리사를 선정하는 것이다. 외교부 내에 요리사 명단이 있어서 거기서 고를 수도 있고, 마음에 둔 사람이 있으면 외교부에 보고하고 함께 부임할 수도 있다.

3년의 재임 기간을 함께할 수도 있지만, 도중에 바뀔 수도 있다.

요리사의 일 중에 가장 중요한 것은 관저에서 열리는 귀빈 초빙 행사 때 한식 요리를 준비하고 소개하는 것이다. 과거에는 경험이 많은 나이 지긋한 분들이 지원했는데, 근래는 요리사를 직업으로 선택한 젊은 층이 서울에서 배운 솜씨로 해외 경험을 쌓고 싶어서 지원하는 경우가 많다. 남성 요리사들이 늘어나면서 최근에는 남성 요리사를 선호하는 대사도 많아졌다. 치안이 불안정한 나라나 쉬는 시간에 할 수 있는 일이 많지 않은 아프리카 같은 오지 공관에서는 여성보다 남성 요리사가 적응하기 쉽기 때문이다.

아랍에미리트는 날씨가 더워서 그렇지 생활이나 치안은 괜찮은 편이어서 요리사를 만나기가 어렵지는 않다. 경험이 많은 사람이 좋을지, 신참을 가르쳐가며 지내는 것이 나을지, 남성이 나을지, 여성이 나을지 등의 문제는 대사 부인의 고민이다. 한 번 선택하면 통상 임기 3년을 한 집에서 동거하기 때문에 선택에 신경을 많이 쓰게 된다.

내가 요리사 명단에서 선택한 사람은 경험이 많고 연세도 지긋한 아주머니 요리사였다. 공관에 도착하자마자 침대, 옷장, 텔레비전 등을 교체해달라고 해서 애를 먹긴 했지만 요리 솜씨는 뛰어났다. 덕분에 3년 내내 관저 행사는 걱정하지 않아도 되는 행운을 누렸다. 심지어 참석자가 수백 명 되는 호텔 행사에 들어가는 방대한 한식도 무난하게 처리해내는 당차고 능력 있는 분이었다.

이 요리사가 가수협회에 등록된 정식 가수라는 사실을 뒤늦게 알게 되었다. 트로트를 전문으로 하는데 서울 휴가 기간에 음반을 취입해 나에게 CD 선물을 주기도 했다. 그가 가수라는 사실을 알고는 얼굴이 달아올랐다. 나는 관저에서 무료할 때 혼자 노래를 흥얼거리던 습관이 있는데 그가 내 노래를 듣고는 반응이 어땠을까 생각하면 얼굴이 붉어질 수밖에 없다.

그가 한번은 새를 한 마리 키우고 싶으니 허락해달라고 했다. 새가 무슨 문제가 될까 싶어 그렇게 하라고 했다. 시장에서 사온 새는 꽤 크고 예쁜 앵무새였다. 요리사가 데리고 살며 열심히 가르치니 사람 말도 제법 잘 따라 했다.

그런데 문제가 하나 생겼다. 앵무새는 배가 고프면 밥을 달라고 소리를 질러대는데 그 소리가 보통 큰 게 아니었다. 우리만 있을 때는 상관없지만, 관저에 손님이 있을 때 울어대면 손님들이 깜짝 놀라서 뭐냐고 물어보곤 했다. 해결 방법을 찾아야 했다. 행사가 있을 때는 미리 먹이를 많이 줘서 배를 불려놓으니 소리 지르는 문제는 해결되었다.

하지만 앵무새의 말로는 별로 좋지 않았다. 내가 임기를 마칠 때 요리사도 앵무새를 데리고 함께 귀국했는데, 안타깝게도 앵무새는 인천공항에서 검역 문제 때문에 반송되고 말았다. 주인 잃은 앵무새는 스트레스로 아름답던 털이 다 빠지고 초라한 모습으로

현지인에게 싸게 팔렸다는 소식을 나중에 들었다. "안녕하세요",
" I love you" 하던 앵무새의 목소리가 아직도 귀에 생생하다.

대통령의 49번째 해외 순방

2012년 11월 말에 이명박 대통령의 마지막 해외 순방이 있었다. 49번째였다. 5년 동안 49회의 순방이라면 1년 평균 10회, 거의 매달 한 번씩 해외 순방을 한 셈이다. 이 숫자는 그전까지 가장 많은 순방 기록을 가진 전임 노무현 대통령의 거의 두 배에 가까운 횟수라고 한다.

APEC(Asia-Pacific Economic Cooperation), ASEM(Asia-Europe Meeting), ASEAN(Association of South-East Asian Nations), G20 등 정상들이 참석하는 다자간 모임이 급격히 늘어서 대통령의 해외 순방 횟수가 증가한데다, 해외 순방을 통해 국가 간 비즈니스 대화를 중요하게 여긴 이명박 대통령의 성향도 한몫했다고 한다. 청와대 관계자에 따르면, 50회를 채우고 싶었지만 12월 대선이 끝나면 후임 대통령이 선출된 상태이기 때문에 해외 순방은 자제하는 게 좋겠다고 판단했다고 한다.

나는 이미 두 차례의 정상 순방을 경험했으므로 준비는 그리 어렵지 않다고 생각했다. 우선은 아랍에미리트 측 의전 직원들과의 의사소통이 중요했다. 아랍에미리트는 금요일과 토요일이 휴일이었다. 목요일 오후부터는 휴가 모드에 들어가기 때문에 휴일 동안 작업이 단절되는 것은 물론, 의사통로 자체가 단절된다. 휴일에는 현지인들이 웬만하면 휴대전화에 응대하지 않기 때문이다. 앞선 두 번의 대통령 순방을 준비하는 과정에서도 가장 애를 먹은 것은 의사소통이었다. 서울에서는 목요일쯤 되면 다음 주를 대비한 지시가 떨어지는데 아랍에미리트 측은 휴일 모드로 전환해 연락이 끊어지기 일쑤였다. 서울에서는 우리의 반응이 늦다고 불만이었지만 아부다비에 있는 우리는 속이 터지는 상황이 자주 발생했다.

이런 경험을 바탕으로 이번에는 왕세제실 의전장 등 의전실 직원들과 가진 첫 모임부터 일과 후나 휴일 중에도 대사 전화는 반드시 받는 것으로 약속했다. 그렇다고 연락이 원활한 것은 아니었지만, 문자를 보내면 일정 시간이 지난 후에 연락이 오기 시작했다. 이후 아랍에미리트를 포함한 GCC 국가들은 우리처럼 토요일과 일요일을 주말 휴일로 변경해 다행히 이런 혼선은 많이 없어졌다. 하지만 아직도 이슬람력에 따른 공휴일이 있어 서방세계와 다르고, 아직도 이슬람식 주말을 그대로 운영하고 있는 나라도 있는 만큼 비즈니스 방문이라면 미리 확인해 낭패를 보는 일이 없어야 한다.

똑같은 대사관 멤버로 치른 대통령 순방 행사 경험이 두 차례 있어 비교적 쉽게 지나갈 것으로 생각했지만, 마지막 순방이어서 그런지 예상치 못한 문제가 발생했다. 양국 정상이 보는 가운데 체결하는 것으로 준비한 3개의 양해각서 중 하나를 아랍에미리트 측에서 마지막 순간에 문제가 있다며 서명을 보류하자고 한 것이다. 미리 연락했으면 다른 양해각서로 교체했을 텐데 통보를 받은 시점이 묘했다.

그날은 대통령이 수행기자단과 오찬을 하고 헬기 편으로 원전 현장을 다녀온 후 오후 5시에 양해각서 서명식을 하기로 일정이 잡혀 있었다. 그런데 오찬이 끝나가는 시점에 내가 전화로 통보를 받은 것이다. 하필이면 대통령이 당일 원전 현장에 다녀와서 서명할 양해각서들을 하나하나 기자들에게 설명하면서 중동 환자 유치와 관련된 양해각서가 대단히 중요한 성과라고 설명한 후 5분도 채 되지 않은 시점이었다.

헬리콥터로 출발하기 일보 직전이었다. 곧바로 아랍에미리트 측 고위 인사들에게 전화를 걸어 재고를 요청했지만 절차가 마무리되지 않아 어렵다는 반응이었다. 즉각 우리 의전팀에도 상황 보고를 했는데 담당 비서관은 나에게 아부다비에 남아 이 문제를 처리하는 것이 좋겠다고 했다. 프로펠러가 윙윙 돌아가기 시작한 헬리콥터 2대를 앞에 두고 나는 헬기에 탑승해야 하는지 심각하게 고민했다. 헬기 이륙 마지막 순간에 나는 대통령을 수행하면서 문제를 해결해보기로 판단하고 두 번째 헬기에 올라탔다.

헬기로 이동하면서 더 고민해보자, 서명까지 5시간이 남았고 대사관 직원들도 열심히 뛰고 있으니 좀 더 차분하게 대처하자고 생각했다. 그렇게 온몸이 땀에 젖은 채 고민하며 원전 현장에 도착한 나는 큰 행운을 만났다. 왕세제와 함께 도열해 있는 아부다비 측 고위 인사 중에 내가 아부다비에서 전화하며 협조를 요청했던 주요 인사들이 대부분 있는 것이었다.

전화로 부탁하는 것과 얼굴을 보며 협조를 요청하는 것은 효과 면에서 큰 차이가 있을 것이기에 희망이 솟았다. 일단 대통령 행사는 서울에서 온 의전팀에 맡기고 나는 문제 해결을 위해 주요 인사들과의 대화에 전력을 기울였다. 그 결과 1시간 만에 양해각서를 원래 계획대로 서명하는 것으로 번복했다. 헬기에 타기 직전 흘린 땀이 헬기 에어컨 속에서 말라붙어 소금이 버석버석 느껴지는 고난 끝에 얻어낸 노력과 행운의 산물이었다.

하지만 이게 끝이 아니었다. 악재는 한꺼번에 온다는 말이 실감났다. 합의가 성사된 후 나는 정신을 되찾고 대통령을 찾았다. 그런데 대통령이 보이지 않았다. 장관, 수석 등 참모진도 찾을 수 없었다. 알고 보니 이미 헬기를 타고 아부다비로 출발한 것이다. 앞이 캄캄했다. 주재국 대사가 대통령을 놓친 사례가 외교 역사에 있기는 할까 싶었다. 워낙 중요하고 급한 사안을 처리하다 발생한 일이니 나중에 해명할 이유는 충분하다고 스스로를 달랬다.

헬기로 2시간 걸리므로 차로 가면 3시간 30분은 걸렸다. 5시 행사에는 내가 참석하기 어려웠다. MOU 체결 행사에서 대사는 옆으로 빠져 있게 된다. 내가 행사장에 없어도 사람들이 모르리라는 게 그나마 위안이었다. 그렇다고 행사 참석을 포기할 수는 없었다.

마침 아랍에미리트 의전팀이 보여서 급히 차를 빌렸다. 사막 길을 전속력으로 달려서 시간에 맞춰야겠다는 생각이 들었다. 외국인 기사를 다그치며 몇 분을 달렸을까? 사막 가운데 헬기장에 헬기가 있는 것 같다고 기사가 얘기했다. 일단 헬기장으로 가보자고 했다. 과연 헬기가 시동을 건 채 서 있었다. 어느 쪽 헬기인지는 분명치 않았다. 가까이 접근하자 헬기 안에서 최금락 청와대 홍보수석이 내게 손짓하며 빨리 타라고 하는 것이 아닌가. 나는 헬기에 바로 올라탔다.

정신을 차리고 최 수석에게 어찌 된 것이냐고 물었다. 김대기 정책실장이 대사가 보이지 않는다며 헬기를 잡아놓고 있다가 태워서 오라고 했다는 것이다. 두 수석 모두 나의 학교 후배로 친근한 사이였다. 지금 생각해도 고맙기 그지없는 사람들이다.

▪ 이명박 대통령의 마지막 UAE 순방을 수행한 최금낙 청와대 홍보수석, 필자, 김대기 청와대 정책실장, 홍석우 지식경제부 장관(왼쪽부터). 대통령 숙소로 제공된 7성급 에미리츠팰리스 호텔에서.

정권 이양기를 준비하다

　차기 대통령 선출을 코앞에 두고 이루어진 대통령의 마지막 순방 말미에 왕세제가 주최하는 비공식 만찬이 에미리츠팰리스 호텔에서 열렸다. 양측에서 8명만 참석한 만찬이었다. 아랍에미리트에서는 왕세제와 칼둔 행정청장, 셰이카 루브나 대외 관계 장관, 우리 쪽에서는 대통령과 정책실장, 미래위원장, 지식경제부 장관과 대사만 참석했다.

　호텔 내 해산물 식당 하나를 통째로 빌려서 로비 한가운데에 테이블을 설치했다. 대사 재임 중에 이런 파격적인 식사는 처음 경험했다. 한 달 후면 한국에서 차기 대통령 선거가 예정되어 있어 현직 대통령의 마지막 방문이라는 점을 배려한 것 같고, 양국 관계를 최고조로 끌어 올린 지난 5년간의 노력을 서로 축하하고 싶었던 것으로 보였다.

　식사 중에도 대화는 아주 친밀하게 진행되었다. 영국 프리미어 리그에 진출해 성공한 맨체스터 유나이티드의 박지성 선수를 화제로 올리며, 왕세제의 오른팔인 칼둔 할리파 알 무바라크(Khaldoon Khalifa Al Mubarak) 행정청장이 구단주로 있는 맨체스터 시티에 한국인 선수를 받는다면 누가 좋을지 얘기도 오갔다. 왕세제는 이명박 대통령에게 "물러나더라도 친구로서 적어도 1년에 한 번은 꼭 아랍에미리트를 방문해달라"고 요청했다. 또 "아랍에미리트에 좋은 한국 대사를 임명해 감사하다"는 인사도 해 나를 뭉클하게 했다.

만찬 후 두 정상은 엘리베이터 앞에서 마지막 포옹을 하고 5년간의 우정을 마무리했다. 두 분은 대사인 내가 모르는 가운데 자주 통화했다고 한다. 무슨 얘기가 오갔는지는 본부에서도 꼭 필요한 것만 골라 내게 통보해주지 전문은 절대 주지 않았다. 왕세제는 따뜻한 미소와 함께 내 어깨를 가볍게 두드리며 단 세 마디, "Keep good work(지금 잘하고 있지만 앞으로도 계속 잘해주시게)"로 격려했다. 두 분 간의 막후 대화에서 나에 대한 평가가 나쁘지는 않았구나 하고 짐작할 뿐이었다. 가끔은 참 어려운 여건에서 대사를 했구나 하는 생각이 든다.

이 무렵 현지 영자 신문에 '떠나가는 한국의 대통령과 돌아온 일본 대통령'이라는 제목의 칼럼이 실렸는데, 요지를 간추리면 다음과 같다.

"지난 5년간 원전 수출을 계기로 양국 관계를 최고도로 올렸던 한국의 대통령이 임기를 마치는 이 시점에 일본의 아베 수상이 두 번째 임기에 다시 당선되어 돌아왔다. 아베는 첫 번째 임기 중 중동을 중시하는 외교정책을 적극적으로 펼친 바 있다. 아베는 지난 5년간 빼앗긴 중동에서의 동아시아 헤게모니를 되찾으려 노력할 것이다. 아시아 강국인 두 나라의 중동 경쟁이 어찌 될지 귀추가 주목된다."

내게도 경각심을 울린 칼럼이었다. 전문으로 외교부 본부에 보고했다. 퇴임 후에 인사차 만난 대통령에게 이 내용을 말씀드리니 한번 읽어보고 싶다고 해서 사본을 전달했다.

2012년 겨울, 박근혜 후보가 대통령으로 당선되고 인수위원회가 구성되었다. 나는 차기 정부의 대중동 정책이 걱정되어 인수위에 특별 보고를 준비했다. 지난 5년간 중동 외교의 꽃이었던 아랍에미리트를 서운하게 하면 안 된다는 내용이었다. 대선 6개월 전부터 나를 만나는 아랍에미리트 정부의 고위직들은 차기 대통령이 누가 될지 많은 관심을 보였다. 이들이 양국 관계의 지속성에 대해 걱정한다는 것을 느낄 수 있었다.

과거 노무현 정부에서 각광받은 알제리가 이명박 정부가 들어서자 소외되었다. 이걸 원 상태로 돌려놓기 위해 얼마나 고생을 했던가. 이런 일이 반복되어서는 안 된다. 특히 아랍에미리트에 걸린 우리 국익이 너무 크다. 이런 상황을 새 정부에 각인시켜줄 필요가 있었다.

나는 대통령 취임식에 한국의 원전을 도입키로 결정한 주역인 왕세제를 초청하자고 건의했다. 다행히 건의가 받아들여져 정식으로 초청장이 전달되었다. 아랍에미리트 대통령의 병환 때문에 왕세제가 업무 대행을 하고 있어 왕세제 대신 친동생인 압둘라 빈 자이드 알 나흐얀(Abdullah bin Zayed Al Nahyan) 외교부 장관이 동남아 순방 계획을 변경해 취임식에 참석했다. 결국 아랍에미리트의 걱정은 해소되었고, 양국 간의 우호 관계는 무리 없이 다음 정부로 승계되었다.

미국, 일본, 중국, 러시아 4대 강국을 포함해 우리의 국익과 직결된 주요 10개 국에 대해서는 정권의 변화와 상관없이 일관성 있는 외교전략이 만들어져 있어야 하고, 그 전략은 약간의 수정이 있더라도 계속 유지되어야 한다. 앞서 언급했지만, 노무현 정부에서 석유 생산국인 알제리에 많은 공을 들이다가 이명박 정부로 넘어가면서 홀대하는 바람에 관계가 악화되었다. 이걸 되돌리는 데 많은 힘이 들었다.

이런 상황은 문재인 정부에서도 비슷하게 되풀이되었다. 이명박 정부에서 박근혜 정부까지 가장 각광받았던 아랍에미리트가 문재인 정부 초기에 관계가 벌어지면서 대통령 비서실장까지 뛰어가 사과하고 봉합한 것이다. 그 배경이 무엇인지 나는 정확히 모른다. 하지만 아랍에미리트 정부와 왕세제의 생각을 잘 아는 나로서는 짐작이 가는 바가 있다. 직전 정부가 중요하게 여기던 것을 청산하려 한 섣부른 생각이 외교적 수모를 겪게 한 것은 아닐까 싶다. 아랍에미리트는 그렇게 만만한 나라가 아니고 우리가 홀대할 만큼 국익이 작은 나라도 아니다. 정부 출범 때 인수위원회를 거칠 시간이 없어 외교 관계를 정리할 여유가 충분하지 않았던 것도 원인이라고 할 수 있다. 몇 달이 걸려 그 문제가 잘 정리되는 것을 보고 천만다행이라고 생각했다. 꽤 큰 대가를 치르고 얻은 귀중한 외교 경험이라고 하겠다.

▪ 아랍에미리트 아부다비 스카이라인 위에 펼쳐지는 아름다운 불꽃놀이

Ⅲ부

중동에서

행복하게

사는 비결

중동에 대한 공포와 실상

중동에 가게 되면 누구나 설렘보다는 약간의 두려움과 걱정이 앞선다. 신문 지상에 등장하는 대부분의 중동 뉴스는 전쟁과 갈등, 뜨거운 태양과 사막, 우리가 잘 모르는 이슬람교와 할랄 푸드에 관한 이야기 등이다. 그래서 중동으로 간다는 말을 듣는 가족이나 친구들도 잘되었다고 하기보다는 몸조심하라고 걱정 섞인 당부를 하게 된다.

중동에 관해 우리가 접해온 내용 중 일부는 사실이지만 그렇지 않은 것도 꽤 있다. 그 이유는 우리 언론의 영향이 크다. 통상 중동이라고 하지만 중동이 얼마나 큰 지역인가. 인도 서쪽에서부터 아프리카 북서쪽 대서양에 맞닿은 모로코까지가 중동이다. 무려 30개 가까운 나라를 포괄하고 있다. 지리적 개념인 '중동'에 관한 정의도 명확하지 않다. 대충 싸잡아서 '중동'이라고 표현한다. 그중 일부 지역에서 발생하는 충격적인 뉴스로 중동 전체를 판단하는 게 얼마나 부적절한가. 동남아시아 뉴스로 아시아 국가인 한국을 판단하는 것과 거의 같은 맥락이다.

우리 외교부에서는 나라별로 여행 금지 지역과 자제 지역 등으로 나누어 관리하고, 홈페이지를 통해 국민에게 상시적으로 고시한다. 이걸 잘 따르면 안전에 큰 문제는 없다. 위험한 중동 국가 중에 대표적인 곳이 리비아, 시리아, 예멘, 아프가니스탄이다. 한국인들이 자주 가고 싶어하는 곳 중에는 이집트의 시나이(Sinai) 반도가 있다. 이 지역은 치안이 아주 안 좋아 자제하도록 계도하고 있다. 어떤 이유로든 이런 지역에는 가지 않는 것이 좋다. 이란이나 이라크처럼 갈등이 계속되고 있거나 제재 중인 나라도 가급적 여행을 자제하는 것이 좋다.

이집트, 모로코, 튀니지는 조금 조심하면 괜찮은 편이다. 아라비아반도에 있는 6개 GCC 국가는 걱정할 필요가 없다. 모두 왕정국가이고, 산유국이면서, 걸프만을 끼고 있다. 종교적으로 이슬람이고, 다 같은 아랍족이라 아랍어를 공용으로 쓰면서 서로가 형제라고 여기고 있다.

모카커피의 원산지로 알려진 예멘이라는 나라가 이들 옆에 붙어 있다. 예멘은 걸프만을 끼고 있지 않고 산유국도 아니라 GCC 국가에 해당하지 않는다. 예멘은 이란의 지원을 받는 후티(Houthis) 반군 세력과 정부군 간 내전 중에 있고, 사우디아라비아, 아랍에미리트 등과 전쟁 중이어서 방문을 자제해야 할 국가로 지정되어 있다.

우리가 비즈니스를 하거나 교민이 많이 거주하는 곳은 GCC 산유국들이다. 지난 40~50년간 높은 유가를 배경으로 부를 축적해왔고, 정유공장이나 도로공사 등 많은 공사 발주로 미국, EU 등 선진국 기업들이 일찍부터 활발하게 진출한 지역이다. 우리나라도 건설업체들이 1970년대부터 진출해 우리 경제 발전에 많은 도움이 되었던 지역이다. 이 국가들은 세계적으로 뉴스를 많이 제공하면서 중동 전체의 이미지를 긍정적으로 바꾸어놓았다.

나는 아랍에미리트에 살면서 중동이라고 다 같은 중동이 아님을 실감했다. 무엇보다 물산이 풍성하고 없는 게 없다. 사막 지역으로 땅이 척박해 대부분의 식품을 수입해서 쓰고 있지만, 한편으로는 세계의 모든 물건이 수입되고 있고, 그렇다 보니 품질도 자국 생산품만 사용하는 나라보다 더 좋다는 아이러니를 발견할 수 있었다. 과일도 사과, 배 같은 사계절 지역 과일부터 열대 과일까지 없는 게 없다. 외국인들이 많이 살다 보니 주거환경도 좋고, 세계 온갖 종류의 음식점이 다 들어와 있다. 맛도 흉내 내는 정도가 아니다. 고급 식당의 경우 외국인이 직접 진출해서 하는 음식점이 많아 이런 곳은 맛이 정통에 가깝다.

무엇보다 왕정국가여서 그런지 치안이 잘 되어 있다. 외국인들은 관광객이 아니면 취업 비자를 받고 용병처럼 들어와 있는 경우가 대부분인데, 조금만 잘못하면 비자가 바로 취소되고 추방

된다. 그래서 좀도둑이나 사회교란범을 찾아보기 힘들다. 여기도 사람 사는 곳이라 가끔 성추행을 시도하다가 체포되거나 아주 드물게 살인사건도 있지만 외국인이 걱정할 만큼 심각한 수준은 아니다. 가끔 저녁에 바닷가를 산책하거나 사람 한 명 없는 한적한 주택가 골목길을 가족과 함께 걸을 때에도 누가 갑자기 나타나 해코지할지 모른다고 생각해본 적이 없다.

GCC 국가 간에도 삶의 여건이나 환경에 약간의 차이는 있다. 나는 바레인을 제외한 5개 나라에 가보았다. 그중 가장 보수적인 나라가 사우디아라비아이고 가장 개방적인 나라가 아랍에미리트다. 술이나 돼지고기 같은 음식, 종교, 복장 등에 대한 규제 정도가 조금씩 다르고, 경제 수준이나 인구 구성에 따라 삶의 여건에 차이가 있다. 로마에 가면 로마법에 따라야 한다는 격언처럼 그 나라의 상규에 맞춰 살아야 안전하고 편안하다.

한 나라 안에서도 안전한 지역이 있고 그렇지 않은 지역이 있다. 예컨대 이라크는 3개 지역으로 구분된다. 가장 북쪽의 쿠르드(Kurdistan) 자치 지역은 비교적 안정되어 있고, 남쪽의 바스라(Basra) 지역도 괜찮은 편이다. 하지만 바그다드(Baghdad) 인근은 수니파와 시아파의 접경인데다 시아파의 4대 성지 중 하나인 카르발라(Karbala)가 가까이 있어 각별히 조심해야 한다.

알제리도 수도 중심에서 너무 벗어나면 치안이 취약하다. 튀르키예는 중서부와 남부는 괜찮은데 쿠르드족이 많은 동쪽은 피해야 한다. 귀에 익숙한 곳이라고 안내 없이 혼자 관광이나 비즈니스 여행을 가는 것은 위험하다. 경험자의 정보와 현지 대사관이나 코트라(KOTRA)의 안내를 받아서 움직이는 것이 좋다.

언론에 의해 잘못 형성된 선입관대로 판단해서는 안 되며, 사전에 정확한 정보와 지식을 확보해야 한다. 또 살아가면서 계속 좋은 정보를 축적해나가는 노력이 필요하다.

• 세계적으로 유명한 자동차 경주인 F1 경기는 보통 11월 아부다비에서 피날레 경기를 갖는다.
  사진은 아부다비 인근 해변에 지어진 야스 마리나(Yas Marina) F1 경기장. 멀리 보이는 독특한 모양의
  야스 호텔 지하를 경주차들이 빠른 속도로 통과해서 달리는 것으로 유명하다.
  요트를 전세 내 관람할 수도 있다.

산과 비, 구름이 그리워지는 중동

중동에서 6개월 이상 살다 보면 그리워지는 것이 있다. 평평한 땅에 사막이 많다 보니 산이 그립겠구나라고 생각하는 사람이 많을 것이다. 실제로 그렇다. 곳곳에 좋은 산이 펼쳐진 곳에 살던 사람에게 산은 특별한 그리움의 대상이다. 나는 등산을 즐기지는 않았지만 6개월 정도 산을 보지 못하자 산이 너무나 그리워졌다. 나중에는 듄(Dune)이라고 불리는 사막 모래언덕마저 산처럼 보였고, 그 언덕을 맨발로 기어오르면서 산을 느껴보기도 했다.

아부다비나 두바이에서 2시간 정도 동남쪽으로 차로 달리면 오만과의 국경지대 도시인 알아인에 도착한다. 거기서부터 돌산이 등장하고, 그중에서도 아부다비에서 가장 높은 돌산인 자벨 하핏(Jabel Hafeet)을 만날 수 있다. 자벨은 아랍어로 '산'이란 뜻이고, '하핏'은 산의 이름이다. 해발 고도가 1200미터에 이르는 꽤 높은 산으로 풀 한 포기 없고 사막언덕보다는 낮지만 역시 회색 일색이다.

아랍에미리트에서 얼마나 귀한 산인지 정부에서 관광지로 개발했다. 산 정상 가까이에 관광호텔을 지었고, 정상에 이르는 길까지 돌산을 깎아 아스팔트 도로를 닦아놓았다. 세계 100대 드라이브 코스로도 지정되어 있다. 알아인에 가서 옛 오아시스의 원형, 그곳에서 출발한 아부다비 왕가의 초기 궁전 그리고 자벨 하핏 정상에 올라가보기를 추천한다. 본격적으로 산을 탐험하고 싶으면 오만 국경을 넘어 비자를 받고 잠깐 들어가면 된다. 돌산이 엄청나게 많이 나오는데, 사륜구동차를 이용하면 돌산 체험을 제대로 할 수 있다.

아랍 말로 와디(Wadi)라고 부르는 계곡도 구경거리다. 모처럼 비가 오면 땅으로 빗물이 흡수되지 않아 순식간에 홍수가 난 것처럼 흐르다가 곧 흔적만 남기고 물이 흐르지 않는 마른 돌산 계곡이다. 더 높은 산이 그리우면 방향을 바꿔 인도양 쪽으로 여행하는 방법도 있다. 두바이에서 동북쪽으로 2시간 정도 차로 달리면 오만과의 또 다른 국경이 나오고 그곳을 넘어가면 호르무즈해협이 나온다. 여기서부터 오만의 높은 산악지대가 나오고 해발 2000미터가 넘는 높은 돌산이 즐비한데, 이들이 인도양에서 불어오는 몬순(monsoon)을 막아 그 건너편에 드넓은 아라비아사막을 형성하는 원인을 제공한다. 산과 더불어 호르무즈해협을 볼 수 있고 해협을 지나가는 유조선 구경도 할 수 있는 색다른 체험이

▪ 돌산인 자벨 하핏 정상에 있는 머큐어(Mercure) 호텔. 광야와 석양 전망이 아름답다.

될 것이다.

산이 그리운 것처럼 언제부턴가 녹색이 그리워진다. 하늘을 보면 1년 열두 달 파란색이라 좋은데, 녹색은 도시 가로변에 심어놓은 가로수밖에 없다. 그마저 모래 먼지의 영향으로 우리나라처럼 진한 녹색이나 연한 녹색을 찾아보기 어렵다. 녹색이 얼마나 그리운지 녹색을 보기 위해 휴가 때 유럽에 가거나 오만 남쪽 끝에 있는 살랄라(Salalah)라는 휴양도시로 비행기를 타고 가기도 한다.

아랍에미리트는 다른 GCC 산유국에 비해 도시 미관에 신경을 많이 써서 녹색 가로수가 많은 편이며, 두바이보다는 아부다비에 많다. 아부다비가 재정적으로 여유가 있는 것도 한 이유지만, 원래 아부다비 왕가의 고향이 원조 오아시스 지역인 알아인이다 보니 선왕 때부터 왕실에서 가로수에 신경을 많이 썼다는 얘기도 있다.

아부다비에서 고속도로를 타고 가면 두바이와의 국경지대를 넘게 되는데 국경 초소는 없지만 순간적으로 세 가지가 달라진다는 얘기가 있다.

첫째, 가로등의 전등 수가 6개에서 4개로 줄어든다. 둘째, 아스팔트의 색깔이 옅어진다. 셋째, 가로수가 갑자기 눈에 띄게 적어진다. 그 얘기를 듣고 두바이로 갈 때마다 확인해봤는데 분명히 그런 점을 느낄 수 있었다. 현지에서는 그 이유를 한 연방에

속하지만 석유가 나는 나라와 나지 않는 나라 간의 차이라고 설명하는데 그럴 법하다.

사막지대에서 어떻게 가로수가 가능하냐고 묻는 사람도 많다. 나도 처음에는 그 풍경이 무척 신기했다. 회색 산이 펼쳐진 한가운데 녹색 산이 덩그러니 있는 모습도 본 적이 있다. 비결은 하나다. 가로수 밑에 고무로 된 수도 호스를 깔고 그 호스에 구멍을 몇 개씩 내놓고 일정 시간에 수도를 틀면 그 호스 구멍으로 수돗물이 흘러나와 나무 주위를 적시는 것이다. 원래 이스라엘의 척박한 광야지대에서 농사를 짓기 위해 개발된 방법이다.

가로수를 이렇게까지 관리해야 하느냐는 의문도 있지만, 아랍에미리트처럼 외국인 투자와 관광이 중요한 지역에서는 이럴 수도 있겠다는 생각이 든다. 또 그렇게 해서 중동에서 가장 성공한 나라가 되었으니 제3자가 할 말도 없다. 이렇게 녹색의 가로수와 산을 그리워하며 살다가 귀국해서 고속도로를 달리다 보면 지천에 널려 있는 녹색이 얼마나 아름다운지 새삼 깨닫게 된다.

구름도 그립기는 마찬가지다. 아부다비는 비가 1년에 한두 번밖에 안 오고 그것도 10분 정도 스쳐 간다. 운이 없으면 1년에 비 한 번 못 볼 수 있다. 두바이는 인도양에 더 가까워 아부다비보다는 비를 더 자주 볼 수 있고 때로는 집중 폭우로 침수되기도 하지만 어디까지나 예외적인 상황이다.

구름을 보기도 쉽지 않다. 뜨거운 골프장에서는 더더욱 그렇

다. 한 조각 구름이라도 있다면 이글이글 타는 태양을 단 1분 만이라도 피할 수 있을 텐데 그 한 조각마저 보이지 않는다. 8월에 대추야자 추수를 축하하는 축제가 열린다고 해서 사막지대 한가운데 차려진 행사장에 가본 적이 있다. 노랗게 익어가는 탐스러운 각종 야자가 널려 있고, 그 품질을 자랑하는 품평대회도 열리고 즉석에서 도매거래도 이루어진다. 정말 볼 만한 구경거리인데 문제는 8월의 태양이다. 온도가 섭씨 55도를 넘는 것 같았다. 눈을 보호하기 위해 선글라스를 썼는데 고글형 선글라스를 가져오지 않은 것을 후회한 것은 처음이었다. 선글라스의 옆부분이 뚫려 있다 보니 높은 온도의 열기가 쉴 새 없이 눈으로 들어왔다. 이 정도 열기라면 안구가 위험할 수 있겠다고 느낀 것은 전무후무한 경험이었다. 행사장을 대충 보고 서둘러 차 안으로 돌아와서야 안도의 한숨을 내쉬었다. 구름이 조금만 있었다면 행사를 즐길 수 있었을 텐데 하고 아쉬워했다.

중동의 열기를 품은 짙은 붉은색의 일출과 일몰은 탄성이 절로 나오는 아름다운 풍경이다. 하지만 아랍에미리트에 살면서 뭉게구름과 새털구름, 조개구름이 그리워지고, 한국의 일출과 저녁노을이 보고 싶어지는 것은 어쩔 수 없다. 중동에 살면 산과 녹색, 비와 구름이 일상인 우리나라를 더 사랑하게 된다.

영어를 쓸까 아랍어를 쓸까

아랍에미리트 대사로 내정되면서 언어에 대한 걱정이 앞섰다. 여기저기 물어보니 영어로 하면 된다고 하는데 중동 사람들의 영어 수준이 어느 정도인지 감이 잡히지 않았다. 그래서 서점에 가서 초급 아랍어 교본을 샀다. 아랍어가 워낙 어렵다고 하니 능숙한 회화는 기대하지 않았고 간단한 기초 회화 정도는 할 수 있어야겠다고 생각해서 일단 집에서 초급 공부를 시작하고 현지에 가서 필요하면 현지인 선생을 붙여서 열심히 하면 어느 정도는 되겠지 싶었다. 하지만 공부를 하다 보니 아랍어가 정말 어려웠다. 나이 든 탓도 있겠지만 생경한 단어를 외우는 게 어렵고, 아이우 3개뿐인 모음이라도 쓸 때는 모음 표시가 생략되어 알아서 추측해야 하는 아랍어 체계도 난해했다.

아랍어를 전공하고 이미 오랜 기간 중동 지역에서 근무해온 두바이 총영사가 조언했다. "4~5년에 걸쳐 꾸준히 노력할 생각이 아니라면 애초에 시작을 안 하는 게 낫습니다." 이 말은 부임 초기 내 의지를 단숨에 꺾어놓았다. 더욱이 공식적으로 만나는 99퍼센트의 고위 관리들이 영어를 완벽하게, 그것도 서울에서는 영어를 꽤 한다는 나보다 더 능숙하게 영어를 구사하는 것에 그나마 남은 아랍어 공부 의욕까지 떨어졌다.

중동에서는 관공서에 고위 인사를 만나러 가면 직원이 건물 바깥으로 영접을 나온다. 부임 초기에 한번은 직원의 안내를 받고 엘리베이터를 탔다. 내가 먼저 아랍어로 "케이파할(안녕하세요)" 하며 인사하니까 직원이 "Fine, Thank you, Excellency"라고 응대했다. 그 순간 내가 왜 어렵게 아랍어를 배우려고 하는지 회의가 들었다. 결국 나는 통역을 잘 쓰는 것도 실력이고, 영어를 더 갈고 닦아서 더 자신 있게 사용하자는 것으로 방향을 바꾸었다.

아랍에미리트 정부의 중상위 공직자들은 어떻게 영어를 능숙하게 할 수 있게 되었을까? 아부다비에서 사귄 현지 친구들에게 물어보니 수수께끼가 쉽게 풀렸다. 그들이 학교를 다니던 1960년대부터 1980년대 초까지는 학교도 교사도 충분치 않아, 공립학교도 그랬지만 사립학교에서는 대부분 외국인 교사가 가르쳤다. 그 때문에 어릴 때부터 학교에서 주로 영어를 쓰게 되어 영어에 능숙해졌다고 한다. 게다가 국가 재정이 튼튼해지면서 대학을 졸업하면 정부 지원으로 미국, 영국 등 영어권 국가로 대학원을 보내줘서 영어가 어느 나라 사람들보다 자연스러워졌다는 것이다.

하지만 영어가 아무리 자연스럽고 능숙하다고 해도 모국어인 아랍어에 비할 수는 없을 것이다. 아랍어로 말하면 어휘량이 훨씬 더 늘어나는 것을 보면 알 수 있다. 그래서 그런지 아랍어를 사용할 줄 알면 친구를 사귀기도 편해 보였다. 대사관에 근무하던 아랍어 전공 직원들은 현지인과 친화력도 높고 업무 실적도 뛰어났다. 개인적인 능력이 출중한 점도 있겠지만, 의사소통이 자유로우면 업무에도 긍정적인 영향을 미치기 때문이다.

나는 외국어 전공자를 특채해 적극적으로 외교관으로 활용해야 한다고 생각한다. 중동에서 아랍어를 쓰는 아랍 국가가 22개 국인데, 아랍어 전공자는 1개 공관당 평균 1명이 채 되지 않는다. 서로 달라고 하는데 다 돌아가지 않는다는 말이다. 이렇게 해서는 안 된다. 걸프 산유국처럼 영어가 잘 통용되는 나라에서 공관원 전원이 아랍어를 해야 하는 것은 아니지만 적어도 한두 명의 직원은 아랍어를 능숙하게 구사할 수 있어야 한다. 대사로 근무할 때 이 사안을 외교부 장·차관에게 직접 건의했지만 쉽게 실행되지 않는 것이 이해되지 않았다. 물론 중국처럼 아랍어 전공자를 대사로 파견했는데 정작 영어가 미숙해서 동료 대사들과도 의사소통이 잘 안되는 어이없는 일이 있어서도 안 되겠지만 말이다.

라마단 기간을 잘 지내려면

우리 같은 비무슬림이 가장 이질적으로 느끼는 이슬람 사회의 특징은 '라마단(Ramadan)'이다. 하루 다섯 번씩 하는 기도와 성지순례도 이질적인 이슬람 문화이기는 하지만, 기독교나 불교에도 예배와 성지순례는 있으므로 이해하기가 그리 어렵지 않다. 그런데 라마단은 연례행사이고, 그것을 지키기 위해 한여름에도 해가 떠 있는 동안에는 금식하고 견디는 것은 이슬람 외에는 존재하지 않는다.

라마단의 진의가 무엇이고 이슬람 율법은 왜 그것을 강요하게 되었는지 가까운 무슬림 친구에게 물어본 적이 있다. 그의 말이 명답이었다. 세상에는 빈부 격차가 있고 끼니를 거르는 가난한 사람이 많은데, 가진 자는 그 아픔을 제대로 느낄 수 없다는 것이다. 그래서 적어도 1년의 한 달은 가진 자들도 모두 참여해 가난한 자의 아픔을 체험하면서 가진 것을 내어놓고 먹을 것을 대접한다는 것이다.

라마단을 지키는 사람들이 모두 그런 의식을 가진 것은 아니지만, 그런 문제의식에서 시작되었고, 행동으로 본래의 뜻을 새긴다. 중동에서 살면서 보니, 한 달이라는 금식 기간은 좀 길고 본뜻과 달리 소비가 커지고 행사 측면이 강화된 것 같다고 느꼈다. 하지만 친구의 해석을 생각하면서 그 의미를 느끼고 세 차례의 라마단을 보냈다.

라마단 기간에는 무엇을 조심하고 무엇을 해야 하는지 잘 알아둘 필요가 있다. 라마단 기간에는 해가 뜨는 시점부터 해가 지는 시점까지 모든 먹는 것이 금지된다. 식사는 물론이고 물과 껌, 담배도 금지된다. 비무슬림도 공공장소에서 식사가 금지된다. 무슬림에게 시각적·후각적으로 자극을 줄 수 있다는 이유에서다.

두바이나 아부다비처럼 개방도가 높은 나라에서도 이 원칙이 그대로 적용되지만, 외국인이나 관광객이 겪는 불편함을 줄이기 위한 최소한의 조치는 허용된다. 이 기간에 관광호텔 같은 곳에 가면 레스토랑에서 휘장을 치고 한쪽에서 정상 영업을 하는 것을 볼 수 있다. 시각적으로만 차단해서 비무슬림 관광객들이 제때 식사할 수 있도록 배려해주는 것이다. 개인이 집이나 사무실에서 도시락 같은 것을 먹을 수는 있지만, 이 경우에도 무슬림 직원이 있다면 배려가 필요하다.

대사관에도 무슬림 직원이 여럿 있었는데, 점심을 거르는 이들을 위해 우선 퇴근 시간을 오후 4시에서 2시로 단축했다. 그리고 점심시간에 한국인 직원들이 방안에서 도시락을 먹더라도 창문을 조금 열어놓고 조용히 먹도록 했다. 차 안에서 생수를 마실 때도 조심해야 한다. 차가 건널목 같은 데서 멈춰 있을 때 물을 마시면 옆 차의 승객이 신고할 수 있다. 도로에서 마시는 것은 아니더라도 보이는 곳에서 마시는 것이니 공공장소에서의 취식으로 해석할 수 있다.

대사의 운전기사도 인도인이지만 무슬림이었다. 차량으로 이동 중에 갈증이 날 때가 있는데, 하루 내내 참고 있는 사람 앞에서 물을 마시는 것이 대단히 미안했다. 특히 사막지대에 있는 원전 현장에 다녀오려면 왕복 7시간이 걸리는데 운전기사는 참고 있고 나는 2통 가까이 물을 마셨다. 마시는 소리를 내지 않게 최대한 조심했던 기억이 난다. 그렇게 한다 해도 내가 물을 마시는 것을 몰랐겠냐만, 식사를 하지 않고 물도 마시지 않고 7시간을 견뎌내는 기사가 존경스러웠다.

라마단 기간에는 오후 7시가 가까워지면 운전에 더 조심하라는 얘기가 있다. 하루 종일 굶다가 저녁식사 시간이 다가오면 마음이 급해지고 운전도 과격해지기 때문에 사고 확률이 높아진다는 것이다. 특히 택시 운전을 하는 사람 중에 파키스탄 등 서아시아 계열 사람이 많은데 이들이 씹는 특별한 담배 같은 것이 있다. 그런 것도 라마단 기간에는 씹지 못하도록 규제한다. 이 때문에 금단 증세로 저녁시간이 가까워지면 택시 운전이 난폭해져 사고가 날 수 있다는 것이다. 그래서 퇴근 시간에는 택시와 운전 경쟁을 하지 말라는 얘기가 있다.

라마단 기간의 금식에도 예외는 있다. 임산부나 수유 중인 여성, 어린아이, 병자, 재난당한 사람, 심한 육체노동자, 때로는 운동선수 등 건강에 영향을 줄 수 있는 경우는 예외로 해준다.

라마단 기간에는 일이 전면 금지되기 때문에 현지인 방문을 피하는 게 좋다는 얘기도 있지만 나는 반대로 생각한다. 현지인을 방문하면 대체로 업무 의욕이 없고 평소와 달리 차도 주지 않지만, 반면에 라마단 기간에는 해외여행도 자제하기 때문에 상대방이 자리를 지키지 않는 경우가 적다. 그래서 면담이 쉽고 찾아오는 사람이 적어 장시간 대화를 할 수 있는 장점이 있다. 다만 공식적으로 출근 시간은 늦어지고 퇴근 시간은 빨라지기 때문에 약속 시간을 잘 잡아야 한다.

내가 경험한 바로는, 그렇지 않아도 심심한데 찾아와줘서 반갑다는 표정이 느껴져 라마단 기간에 현지인을 열심히 찾아다녔다. 물론 식사 얘기는 꺼내지 않고, 차나 대추야자 같은 것을 대접하는 중동지방의 일상적인 예절도 상대방이 권하지 않으면 기대하지 않는 것이 바람직하다. 사람에 따라서는 본인은 들지 않으면서 손님을 위해 권하는 무슬림도 있다.

라마단 기간에 외국인이 체험해볼 만한 것은 저녁식사인 이프타르(iftar)와 수후르(Suhur)다. 이프타르는 일몰 후 첫 번째로 하는 저녁식사, 수후르는 거의 자정에 먹는 두 번째 저녁 식사를 말한다. 이프타르는 가정에서 가족끼리 조용히 하는 이프타르, 못 사는 사람들에게 무상으로 베풀기 위해 집 근처 공터 같은 데 천막을 치고 누구나 취식할 수 있게 하는 공공 행사성 이프타르, 또 지인들을 대거 초대해서 하는 행사성 이프타르가 있다. 각각의 특징과 목적이 있으므로 가능하면 한 번씩 경험해보면 좋겠다.

수후르도 이프타르처럼 먹는 행사지만 밤늦은 시간에 열린다. 외국인들은 왕족이나 고위 관리, 또는 기업인들이 베푸는 이프타르나 수후르 행사에 초대받는 경우가 많다. 라마단 기간에 겪는 낮 동안의 긴장감에서 벗어나 페스티벌처럼 사람과 자유롭게 어울리면서 사귈 수 있는 기회이므로 혹시 초대받게 되면 적극적으로 응하는 것이 좋다. 라마단은 이슬람식 음력이 적용되므로 그 시기가 매년 조금씩 앞당겨지게 되어 있다. 따라서 겨울에 오기도 하고 여름에 오기도 하는데, 낮시간이 긴 여름에 라마단이 오면 무슬림들은 그만큼 더 힘들어진다.

중동의 결혼문화

　나라마다 고유의 결혼 풍속이 있다. 중동의 결혼문화는 종교적·문화적 차이로 인해 우리와 많이 다르다. 어찌 보면 과거 우리나라의 결혼문화를 생각하면 더 이해하기 쉽다. 우선 남녀 간의 자유연애가 금지되다 보니 처음부터 중매에 의한 가족 결혼의 형태를 띤다. 가족 간의 혼담이 먼저 오가고 혼인을 추진하는 것으로 결정되면 마지막으로 신부가 신랑 사진을 보고 최종적으로 가부를 결정한다.

　남녀가 한자리에 모이기 어려운 문화여서 결혼식 풍습도 우리와 다르다. 신랑 쪽은 남자 손님들만 낮에 초대해 피로연처럼 식사를 대접하고, 신부 쪽은 여자 손님들만 저녁에 초대해 밤 늦게까지 길고 화려한 식사를 내는 것으로 행사를 치른다.

　결혼문화가 이렇다 보니 나는 현지인에게 결혼식 초청은 많이 받아봤지만 신부를 보거나 신부 쪽 연회에 직접 가본 적이 한

번도 없다. 아내만 여러 차례 초대받아 신부 쪽 피로연에 다녀왔다. 나는 자정 넘어 귀가한 아내에게 어땠는지 물어보는 것으로 행사를 상상해볼 뿐이었다. 신랑 쪽 결혼식에 가면 우리처럼 신랑이 아버지와 형제들과 함께 입구에 서서 손님을 받기 때문에 신랑 얼굴을 자연스럽게 볼 수 있다. 하지만 일정 시간이 지나면 상석에 착석하기 때문에 좀 일찍 가야 악수라도 할 수 있다. 한 유명한 왕자의 아들 결혼식에 갔을 때는 전통 복장 차림의 현지인들이 끊임없이 입장하는 바람에 1시간 이상 서 있다가 얼굴도 못 보고 식사만 하고 돌아왔다. 결혼을 주로 중매로 하다 보니, 우리도 과거에 그랬지만 결혼 후에 서로 잘 맞지 않을 확률이 높다. 그때의 해결 방안은 참고 살든지, 부인을 더 두든지, 아니면 이혼 후에 재혼하는 것이다. 우리에게는 첫째와 셋째 방법이 있지만, 중동에서는 세 가지 모두 존재한다. 이슬람 율법에 부인을 4명까지 둘 수 있도록 하기 때문이다.

그렇다고 부인을 4명 두는 경우는 극히 보기 힘들고, 2명을 둔 경우는 여럿 보았다. 자국 여인인 첫 번째 부인 외에 뒤늦게 만난 튀니지나 레바논의 신여성을 부인으로 둔 경우다. 2011년까지 한국에 와 있던 아랍에미리트 대사가 그런 경우다. 첫째 부인은 본국에서 자식 교육에 전념하고 있었고, 젊은 둘째 부인을 서울로 데리고 왔다. 현재 왕족 중에 부인이 2명인 경우는 많지 않은 것 같다. 부호로 알려진 아부다비의 만수르 부총리가 두바이 공주를 두 번째 부인으로 삼았다. 재벌인 아랍인 친구에게 당신은 왜 부인을 더 두지 않느냐고 물어보니 우리나라 남자들의 농담 비슷한 답이 돌아와 놀란 적이 있다. "1명의 마음도 맞추기 골치 아픈데 어떻게 둘을 두냐"는 것이다.

나라, 지역, 연령, 계층마다 조금씩 다르겠지만 이제는 대도시에서 부인을 복수로 두는 경우는 거의 볼 수 없다. 특히 젊은이들은 부인을 두셋 둔다는 것을 전혀 생각하지 않는다. 그러다 보니 중매로 만난 후 마음이 안 맞으면 이혼하는 사례가 늘어난다. 이혼은 허용되기 때문이다. 물론 부인이 집안의 도움이나 스스로 사회활동을 통해 자립이 가능한 경우에 선택할 수 있을 것이다.

한번은 유명한 왕족의 아들 결혼식에 초대를 받았는데, 식장이 군대 연병장이어서 의아했다. 식사도 주지 않는 시간대였다. 식장 입구에 젊은 남자 50여 명이 줄지어 서 있어서 도대체 누가 진짜 신랑인지 궁금했다. 알고 보니 1명만 왕족의 아들이고 나머지는 평민의 자식들로, 합동 결혼식을 하는 것이었다. 아부다비의 왕세제를 필두로 다른 왕족들과 신랑 가족들이 연병장에 나와 칼이나 막대기를 들고 줄지어 돌아가며 베두인(Bedouin)식 춤을 추는 장면이 장관이었다. 국민 모두의 평등과 왕실의 국민 사랑을 강조하는 의미가 가미되었던 것으로 이해했다.

아랍에미리트처럼 개방적인 나라에서도 자유연애는 허용되지 않는다. 따라서 결혼한 사이가 아니라면 공공장소에서 껴안거나 팔짱을 끼는 행동은 조심해야 한다. 보통은 결혼한 사이로 간주하지만 나이가 좀 어려 보여 의심을 사면 경찰이 결혼 여부를 물어본다. 만약 결혼할 사이가 아니라면 잡혀갈 수도 있다.

아무리 법적으로 규제해도 숨어서 하는 연애는 있기 마련이지만 공개적인 장소에서는 삼가는 것이 좋다. 여성은 복장도 조심해야 한다. 날씨가 더워 관광객 유치 차원에서 반바지 정도는 허용한다. 하지만 민소매 티셔츠를 허용할 것인지 논란이 되었고, 결국 불허한 것으로 기억한다. 규제는 상황에 따라 바뀔 수 있기 때문에 잘 알아보고 대처하는 게 현명하다.

아랍에미리트에서는 호텔에 딸린 수영장이나 해변에서 복장이 지나치게 자유로운 게 신기했다. 그런 곳에서는 여성의 비키니 복장이 허용되기 때문에 해변에 가면 여기가 과연 중동인지 눈을 의심하게 된다. 다만 이것도 GCC 국가마다 규제 정도가 다르므로 나라마다 확인하고 대처해야 한다.

중동의 냉난방

한반도는 원래 온대 기후에 속해서 겨울에 난방 걱정은 하지만 여름에 냉방 걱정은 적은 편이었다. 웬만하면 선풍기로 여름을 견뎌냈고 에어컨을 본격적으로 사용한 것은 오래되지 않았다. 에어컨이 있어도 전기요금 걱정 때문에 1년에 에어컨을 켜는 기간은 보름이 채 되지 않는 집이 대다수였다.

필리핀에서 4년, 중동에서 3년 동안 생활하면서 에어컨에 대한 내 생각은 바뀌었다. 이곳에서 에어컨은 사치품이 아니라 필수품이다. 적절한 에어컨 사용을 미안하게 여기지 않아도 된다. 라오스나 미얀마처럼 1인당 국민소득이 우리보다 훨씬 적은 나라에서도 어딜 가나 에어컨이 돌아간다. 그런데 국민소득이 4만 달러에 가까워지고 있는 나라에서 전기요금 때문에 에어컨 켜는 것을 꺼리는 것은 좀 지나치다는 생각이 들곤 했다.

지구 온난화의 영향으로 여름 평균기온이 매년 올라가고 있다. 2018년처럼 100여 년 만에 여름 최고 기온이 40도에 육박한 상황에서 한국에서도 에어컨은 점점 필수품이 되어가고 있다. 사람은 누구나 늙어가지만 여름 한 철을 지내면서 부쩍 늙는다는 말도 있다. 의학적으로 증명된 것은 아니지만 역대 최고라는 1994년과 2018년의 지독한 더위를 겪어본 나로서는 이 말이 틀린 말은 아니라고 생각한다. 그래서 연로하신 부모님 댁에 에어컨을 새로 설치하면서 길어야 한 달인데 절대로 에어컨을 아끼지 마시라고 여러 번 당부했었다.

나는 동남아시아나 중동에 살면서 에어컨 온도를 항상 23도에 맞춰두었다. 집에서도, 차 안에서도, 사무실에서도 온도는 항상 섭씨 23도였다. 바람의 세기는 항상 아래 단계에 맞췄다. 20도 이하가 되면 몸의 상태에 따라 추웠다가 더웠다가 변할 수 있는데, 23도는 가을 날씨 같은 삽상한 온도라고 느꼈다. 바람의 세기가 너무 강하고 직사 방향으로 맞게 되면 선풍기 바람처럼 더 시원하게 느껴질 수도 있겠지만 자칫 잘못하면 감기에 걸릴 수 있다. 소리가 안 들릴 정도로 바람의 세기는 낮고 온도는 가을 날씨 같은 부드러운 시원함을 유지하는 것이 젊은 시절 필리핀의 아시아개발은행(ADB)에 근무할 때 배운 최적의 에어컨 사용법이다.

그럼 중동 지방에서의 난방은 어떤가? 우리와 반대로 냉방은 어딜 가나 돼 있는데 난방은 거의 하지 않는다. 기후 조건이 그럴 필요가 없기 때문이다. 한겨울에도 온도는 20도 아래로 잘 떨어지지 않는다. 중동에 부임하면서 당연히 겨울 준비는 거의 없었다. 겨울 양복도 서울에 놓고 갔다. 그런데 처음 12월을 맞이했을 때 예상치 못한 상황을 만났다. 새벽에 기온이 떨어지고 추워서 아침마다 잠을 설쳤다. 대사관저로 임차한 주택은 고급 주택이었는데도 난방 장치가 전혀 없어서 부랴부랴 담요를 구입했다.

중동 사람들이 사용하는 최고의 난방 수단은 담요다. 두바이에서 담요 제조업을 하는 한 교민이 1년에 판매하는 담요가 무려 20만 장이다. 나도 그분에게 질 좋은 담요 서너 장을 구입해 요로 깔고 이불로 덮으니 잠을 잘 수 있었다. 어떤 사람은 서울에서 전기담요를 구입해 쓰기도 했다. 나는 그 정도까지는 필요하지 않아 담요로 세 번의 겨울을 났다.

최근에는 냉온방이 다 되는 에어컨을 한국에서 수입해 설치하는 신축 건물을 보기도 했다. 그런 경우에는 서비스가 잘 되는지 확인이 필요하다. 워낙 수요량이 적다 보니 서비스가 기대만큼 원활하지 않아 애를 먹는 경우도 있기 때문이다.

중동에서 건강하게 지내려면

중동에 살면서 가장 걱정되는 것은 냉방병이다. 1년 365일을 에어컨을 켜놓고 살다 보면 감기 증상과 비슷한 냉방병에 걸리기 쉽다. 대사관저에서 에어컨을 끄고 지낸 기간은 1년에 열흘 정도였다. 냉방병 증세는 감기와 유사한데 치료가 잘 안 돼 한 달씩 가기도 한다.

대사 부임 초기에 스트레스도 쌓이고, 바뀐 환경에 적응하는 게 어려웠던지 아내와 함께 냉방병에 걸려 치료를 받았다. 보험 계약 전이라 개인 돈으로 의료비를 지급하고 정부에 신청해서 보험금을 환불받는 절차를 거쳐야 했다. 아내와 함께 내과 의사에게 진찰과 처방받는 데 낸 금액이 40만 원에 달해 깜짝 놀랐다. 보험에 가입한 후로는 병원비 걱정이 많이 줄었지만 처음에는 여기서 감기도 걸리면 안 되겠구나 하고 생각했다.

그 후 현지에서 오랫동안 거주한 교민의 조언을 잘 들어서 우리 부부는 감기 한 번 걸리지 않고 건강하게 임기를 마칠 수 있었다. 그 비결을 한마디로 얘기하면 땀을 많이 흘리는 것이다. 중동에서는 하루 종일 에어컨 아래에서 지낸다고 해도 과언이 아니다. 가끔 건강을 위해 헬스클럽에 가기도 하는데 거기도 에어컨이 빵빵하게 나온다. 사정이 이렇다 보니 땀을 배출할 기회는 거의 없다.

우리 부부가 개발한 땀 흘리는 운동 방법은 저녁식사 후에 해변 길을 걷는 것이다. 반바지에 수건을 하나씩 차고 해변 길을 30분쯤 걸으면 온몸이 땀투성이가 된다. 잠깐 쉬었다가 반환점을 돌아오면 바지까지 땀으로 젖고 만다. 집으로 돌아와 샤워하면 기분도 좋고 몸이 고단해지니 숙면이 되어서 더욱 좋았다.

건강과 관련해 또 하나 조심해야 할 것은 비타민 D 부족이다. 비타민 D는 뼈와 근육에 필수적인 칼슘의 흡수를 도와주고 면역을 강화하는 지용성 비타민이다. 보통 햇볕에 의해 형성되고 정상적인 상태에서는 햇볕에 15분 정도 노출되면 하루 필요량을 채울 수 있다. 그런데 햇볕이 쨍쨍 내리쬐는 중동에 2년 이상 살다 보면 거꾸로 비타민 D가 부족해지는 경우가 많다.

나도 허리가 아파서 스포츠의학과를 찾아간 적이 있는데 담당 의사가 피 검사부터 권했다. 결과가 나왔는데 혈중 비타민 D 농도가 현저하게 떨어져 있었다. 의사는 엄청난 양의 비타민 D 보충제 처방을 내렸고, 한두 달의 복용을 거쳐 정상 상태를 회복했다.

주말에 골프를 한 번씩 치니까 설마 했는데 온통 자외선 차단제를 바르니 하루 평균 햇볕 흡수량도 채우지 못한 것이다. 자동차 안으로도 햇볕이 든다고 하지만 창문 안에서 쬐는 것은 도움이 안 된다고 한다. 그때의 기억 때문에 나는 귀국 후에도 겨울에는 하루에 1000IU 용량의 비타민 D 알약을 비타민 C와 함께 먹는데, 면역력 강화 효과도 있어서 감기 예방에 도움이 많이 되었다. 코로나19 이후에도 이게 면역 강화책으로 많은 도움이 되었다고 생각한다. 내가 직접 임상 실험을 거친 것이니 상당 기간 중동에 살 경우 참고했으면 좋겠다.

사막 운전에서 주의할 점

아라비아반도에서는 사막 위에 철도를 놓는 공사가 진행 중이다. 10년 전쯤에 사막 철도를 놓기로 GCC 6개 국이 공동 결정하고 이를 'GCC 철도'로 명명했으며, 이 중 일부 구간은 공사에 들어간 것이다. 그들의 목표는 오만에서부터 사우디아라비아까지 GCC 6개 국을 철도로 연결해 이 지역 내에서 사람과 물류의 이동을 혁신적으로 바꿔놓는 것이다. 목표가 완성되면 호르무즈 해협의 길목을 지키고 있는 이란의 위협 그리고 항상 수에즈운하를 거쳐야 하는 수고와 비용을 상당 부분 덜 수 있을 것으로 기대한다.

아직까지는 고속도로가 사람이나 물자의 주된 이동로다. 주요 산업지대를 연결하는 고속도로에는 공사 물자를 실은 트럭이 줄지어 달리는 모습이 장관이다. GCC 산유국들은 석유로 축적된 자본으로 고속도로를 잘 만들어놓았다. 중동을 사막으로만 생각하는 사람은 가도 가도 사막인 지형에 고속도로가 어떻게 건설되어 있는지 두 눈으로 직접 보기 전에는 상상하기 쉽지 않을 것이다.

지하철이나 버스처럼 공공 교통수단이 제한적인 중동에서는 운전을 하지 않을 수 없다. 하지만 운전은 각별히 주의해야 한다. 교통사고가 많고 사망자도 적지 않다. 무엇보다 과속 차량을 조심해야 한다. 부유한 젊은 층이 유럽산 비싼 차를 소유한 경우가 많은데, 이들이 속도를 즐기다가 종종 사고를 낸다. 자식이 많은 가정에는 교통사고로 불구가 된 사람이 한두 명은 꼭 있다고 할 정도다.

사고 위험이 높은 도로도 많다. 안전하게 설계되지 않은 탓이다. 특히 두바이에 가면 급속한 개발 때문인지 정말 위험하게 설계된 곳이 많다. 신호만 믿지 말고 좌우 경계를 잘해야 한다. 앞서 라마단에 관해 얘기할 때 언급했지만, 식사 중단이 해금되는 이른 저녁 시간에 교통사고가 나는 경우가 많다. 하루 종일 굶은 것에 보상받고 싶은 심리가 작동해 자신도 모르게 운전 속도가 빨라지기 때문이다. 라마단과 상관없는 우리 같은 외국인들이 사고를 당할 수 있기에 각별히 주의해야 한다.

사막 고속도로에서도 조심해야 한다. 한국의 도로와는 달리 사막 사이를 직선으로 뻗은 도로가 많아 졸음이 오기 쉽다. 특히 산업 현장이나 공사장으로 향하거나 국경을 넘어가는 트럭이 엄청나게 많은데, 이들과 충돌하면 대형 사고가 불가피하다. 다행히 교통법규가 엄격해서 규정 차로와 속도를 잘 준수해 운전하므로 승용차가 주로 다니는 1차로로 넘어오는 경우를 거의 보지 못했지만, 그럼에도 불구하고 항상 정해진 차로를 지키고 졸음운전을 절대 하지 말아야 한다.

마지막으로 강조할 것은 바람이 지나간 사막길에서 운전이다. 사막에 난 고속도로는 바람이 불면 사막 모래가 넘어와 도로를 얇게 덮는다. 그게 블랙아이스와 동일한 효과를 낸다. 그래서 급회전을 하면 차가 돌아서 전복될 수 있다. 이런 상황을 만나면 반드시 속도를 줄여야 한다. 시속 100킬로미터로 달리다가 이런 길을 만나면 30킬로미터 이내로 감속해야 한다. 나도 처음에는 왜 차가 한 대도 없는데 이렇게까지 급감속을 하는지 의문을 품은 적이 있지만, 현지 고속도로 사정을 알고 나서는 수긍이 되었다. 밤에는 길을 건너는 낙타를 조심하라는 얘기도 있다. 자주 있는 일은 아니지만, 거대한 몸집의 낙타와 부딪히면 쉽게 사망 사고가 날 수도 있는 만큼 특별히 조심해야 한다. 그래서 낙타 농장과 가까운 곳에는 낙타가 고속도로로 들어오지 못하도록 철책을 해놓기도 한다. 고속도로 갓길에 철책이 보이면 낙타나 다른 동물이 잘 넘어오는 구역이라 여기면 된다.

▪ 아부다비의 사막 가운데 난 도로

사진 한 장 잘못 찍었다가는

　걸프 국가들은 안보에 대단히 엄격하다. 그래서 이 지역에 사는 사람이나 여행객은 사진 촬영을 조심해야 한다. 곳곳에 'NO PHOTO'라는 팻말이 있지만, 잘 보이지 않게 설치된 곳도 있어 본의 아니게 실수할 수 있다. 군사지역이나 대규모 산업지역 같으면 사진을 찍으면 안 된다고 예측할 수 있는데, 우리 상식과 다른 기준이 적용되는 대상도 있다는 것을 고려해야 한다. 교량이나 항만, 조그마한 국영공장 같은 것이 그런 사례다. 사진을 찍어도 될 것 같은데 그렇지 않은 경우가 있다. 사진을 찍어도 되는지 확신이 서지 않으면 주변에 'NO PHOTO'라는 팻말이 없는지 살펴봐야 한다.

　왕궁 등 왕가와 관련된 사무실이나 관청, 주거지역도 사진 촬영이 금지된 곳이 많다. 특히 왕가와 관련된 건축물은 이국적이고 아름다워 관광객 입장에서는 사진 촬영 충동이 생길 수밖에 없다. 실제로 그중 일부는 사진 촬영이 허용되기에 판단이 어려울 수 있다. 더욱이 어느 부분까지는 허용되는데 연결된 어느 부분은 허용이 안 되는 지역도 있다. 그래서 건축물을 돌아가며 찍다 보면 허용이 안 되는 지역을 본의 아니게 찍을 수 있다.

현지인을 넣어서 찍는 것도 금지된다. 여행을 왔으니 이국적인 복장이나 모습을 사진에 담고 싶은 게 여행객의 인지상정이다. 하지만 상대방의 허락을 받지 않고 슬쩍 넣어서, 그것도 현지 여성을 무단으로 넣어서 찍는 행위는 대단히 위험하다. 나라마다 허용 범위가 다르고 해석이 자의적이므로 안보와 전통에 위배되는 행동은 무조건 조심해야 한다.

더 큰 문제는 사진을 찍다가 신고를 당하거나 사복경찰에게 걸리는 경우다. 체포되어 경찰서로 연행되면 당황할 수밖에 없다. 정신 차리고 휴대전화로 대사관 영사과로 연락하면 그나마 다행이다. 바로 영사를 출동시켜 훈방될 수 있도록 대사관에서 힘을 다할 수 있다. 하지만 시간이 지체되면 참혹한 결과를 맞이하게 된다.

이곳에서는 범죄자의 머리를 깎는 규정이 있다. 이 때문에 사진 한 번 잘못 찍었다가 강제로 머리를 깎이는 봉변을 당할 수 있다. 출동을 여러 번 해본 대사관 직원에게 들은 얘기인데, 경찰서 유치장도 어떤 곳은 대단히 열악하다. 컴컴한 지하 토굴 같은 곳도 있고, 수갑을 채우면 손목뿐 아니라 발목까지 채우기도 한다는 것이다.

요즘은 한국과 중동 국가 간의 관계가 좋아 적시에 공관에서 출동하면 가벼운 경범죄는 선처받을 가능성이 예전보다 많이 높아졌다. 현지 경찰도 한국인이라면 보안상 위해한 나라 사람들이 아니라는 것을 인정하고, 공관에서 보증까지 하면 훈방 조치하는 경우가 많다. 사진 한 번 잘못 찍어서 험한 일을 당하면 안 되니까 각별히 조심하고 대사관이나 총영사관 전화번호를 가지고 있다가 문제가 생기면 바로 연락해야 한다.

사막에서도 골프를 즐긴다

대사 임기를 마치고 귀국하고 나서 친구들에게 가장 많이 들은 얘기는 3년 동안 골프 치고 싶어 어떻게 했느냐와 매트 들고 다니면서 친다고 하던데 힘들지 않았느냐는 것이었다. 결론부터 말하면, 임기 동안 잔디가 파란 골프장에서 아무런 문제 없이 골프를 즐길 수 있었다.

퇴임하던 2013년 여름 아랍에미리트 전체에 골프장이 모두 17개 있었고, 그중 16개가 잔디 골프장이었다. 단 1개만 관광용으로 만들어놓은 사막 골프장이었다. 수도 아부다비에도 최상급 골프장이 3개, 국제공항 인근에 사막 골프장이 1개 있었다. 비용은 아무래도 한국보다 비싸서 한 번 라운딩하는 데 250~300달러 정도를 받는다. 하지만 회원권을 가진 사람과 함께 치면 '멤버 게스트(Member guest)'라고 해서 150달러로 서울의 주말 가격에 비해 더 저렴하다.

사막에 파란 잔디 골프장을 어떻게 만들 수 있었을까 싶어 관리자에게 물어본 적이 있다. 사막 모래 표면의 일정 부분을 깎아 내고 수도관을 묻은 후 수입해온 흙으로 성토하면서 골프장의 모양을 만들고 그 위에 잔디를 입히는 방식이다. 잔디 관리는 땅속에 묻힌 고무 호스를 통해 물을 흘려 보내는 수도관 방식으로 한다. 이 방식은 가로수를 키울 때도 쓰는 일반적인 방식이기 때문에 그리 어렵지 않다. 일정 시간이 되면 중앙에서 수도를 틀고 그 물이 수도관을 통해 흐르는데, 군데군데 구멍을 뚫어놓은 수도관이므로 땅을 적시고 잔디의 뿌리에 물이 공급되도록 하는 것이다. 골프장에서는 공을 쳐야 하므로 수도관을 지표면이 아닌 일정 깊이의 땅속에 묻는다는 점만 가로수와 다르다.

바다를 끼고 지은 골프장도 있고, 바다가 없으면 호수를 만들어서 조경하기 때문에 사막이라는 생각은 전혀 들지 않는다. 골프장을 조성하는 비용도 우리처럼 산을 깎아 만드는 경우와 큰 차이가 없다. 그러므로 중동은 골프를 치기 힘든 곳이라고 생각하지 않아도 된다.

그래도 경비를 아끼기 위해 온대 지방의 골프장보다는 사막 지형을 그대로 살리는 경우가 많은데, 골프장만 파란 잔디로 조성하고 이를 둘러싸고 있는 땅은 사막 상태로 내버려두는 경우가 대부분이다. 이 모습을 가장 현실감 있게 느끼고 싶다면 비행기 이착륙 때 하늘에서 내려다보면 된다.

잔디 골프장에서 친다고 해서 덥지 않은 것은 아니다. 11월부터 2월까지는 우리나라 초가을 날씨 같아서 골프 치기에 좋다. 하지만 3월부터 조금씩 더워져서 7, 8월이 되면 습도도 높아지고 온도도 45도를 넘기 때문에 골프 치기가 쉽지 않다. 대사로 부임한 직후 6월 말에 처음 골프를 쳤는데 너무 더워 12번 홀까지 치고 포기하고 말았다. 8월에는 시작 전부터 습기로 온몸이 땀에 젖은데다 13번 홀에서 약간의 열사병이 와 포기한 적도 있다. 참고로, 수분 부족으로 오는 일사병은 물만 지속적으로 먹으면 예방할 수 있다. 하지만 체온조절 기능이 작동 안 돼 발생하는 열사병은 정말 무서운 병이다. 이렇게 더운 지역인데도 우리나라처럼 그늘집이 마련되어 있는 곳을 본 적이 없다. 골프를 한번 시작하면 9홀 후에 클럽하우스로 돌아와 잠시 쉬지 않으면 5시간 동안 쉴 곳이 없다는 얘기다.

그래도 견딜 수 있는 것은 전동카트를 타고 페어웨이 안에까지 몰고 들어가도록 허용하고, 군데군데 차가운 식수를 공급하는 물통이 잘 배치되어 있기 때문이다. 혹시 중동에서 더운 계절에 골프를 치게 되면 아침보다는 차라리 한낮에 시작하는 게 낫다. 한국식으로 아침에 시작하면 처음에는 좋지만 온도가 계속 올라가 몸은 지치고 힘들어진다.

습도에 대한 고려도 중요하다. 7, 8월에는 습도가 높고, 습도가 가장 높은 시간대가 새벽이기 때문에 운동을 시작하기도 전에

▪ 아부다비에 있는 사디야트(Saadiyat) 골프장

지친다. 반면에 오후 2시에 시작하면 기온은 가장 높지만 습도는 가장 낮아 전반 9홀 정도는 견딜 만하다. 이어서 후반 9홀을 치다 보면 해가 떨어지기 시작하면서 시원하게 느껴진다. 바닷가 골프 장에서는 바닷바람이 불어오기도 한다. 몸이 지쳐가는 대신 기온 이 떨어지므로 견디기도 훨씬 수월한 것이다.

한국에서는 한여름에도 반바지를 못 입게 하는 골프장이 있는데 중동에서 기본 복장은 반바지다. 긴 바지보다 다리가 타는 단점이 있지만 체감 온도는 2~3도 정도 낮출 수 있다. 자외선 차단 크림을 잘 발라야 하는 것도 필수 사항이다. SPF50 정도의 크림을 바를 경우 라운드 도중 세 번은 발라야 효과가 확실하다. 얇게 펴서 바르기보다는 일본의 가부키 화장처럼 하얗게 덕지덕지 발라야 효과적이라는 게 정설이다. 흔하지는 않지만 중동에서는 SPF100도 팔고 있으니, 세 번씩 바르기가 귀찮다면 이걸 사서 두 번만 바르는 것도 방법이다.

땀 수건도 필수품이다. 젖은 수건보다는 마른 수건이 훨씬 효과적이다. 젖은 수건을 쓰면 얼굴이 많이 탄다. 마른 수건으로 땀을 닦아내기만 하는 게 가장 좋은 방법이다. 일사병이나 열사병을 예방하려면 물을 많이 마셔야 한다. 2리터짜리 페트병을 가지고 가서 자주 마셔야 한다. 가루로 된 이온음료 첨가제를 물에 타서 먹거나 정제로 된 소금을 휴대하는 것도 좋다. 아주 더울 때는 2리터짜리 2병은 마셔야 한다는데, 이렇게 많이 마셔도 5시간 동안 화장실 갈 일은 거의 없다. 대부분 땀으로 배출되기 때문이다.

아랍에미리트에서 겨울은 스포츠의 천국이다. 미국, 유럽 등 다른 지역은 비수기로 접어들어 골프가 끝나지만, 중동은 골프 치기에 가장 좋은 계절이 된다. 'HSBC 오픈' 같은 유로피언 투어가 카타르, 아부다비, 두바이를 순회하며 열리고, '데저트 클래식 (Desert Classic)' 같은 세계적인 대회가 두바이에서 개최된다. 타이거 우즈나 로이 맥길로이 같은 세계적인 선수가 해마다 두바이를 찾아온다.

골프를 즐기는 현지인은 극소수다. 갤러리의 입장에서는 세계적인 선수들과 가장 근접한 곳에서 편안하게 그들의 플레이를 즐길 수 있는 최상의 계절이 된다. 한국 선수 중에는 최경주, 미셸 위가 자주 왔다. 최경주 선수와 식사하면서 경기 전후에 쉬는 시간을 어떻게 관리하느냐고 물었는데 대답이 인상적이었다. 저녁은 채식 위주로 가볍게 먹고, 성경책을 매일 몇 장씩 읽고 독서도 꾸준히 한다고 했다. 그리고 텔레비전은 보지 않는다며, 텔레비전 모니터에서 나오는 주사선이 눈에는 보이지 않지만 마음을 흔들 수 있기 때문이란다. 프로 선수들의 컨디션 관리가 보통이 아니라고 느꼈다.

중동에서의 여성주의보

이슬람 문화권이 다 그렇지만 중동에 가면 여성을 조심하라는 얘기를 자주 듣는다. GCC 지역에 가서도 여성에 대해서는 신경 쓸 것이 많다. 나라에 따라 문화와 규제가 조금씩 다르지만, 여성의 외출이나 운전까지도 규제하는 사우디아라비아가 가장 엄격하고 아랍에미리트가 가장 개방적이다. 종교와 문화적 차이를 이해하고 그들이 요구하는 몇 가지 기본 규칙을 충실하게 따르면 큰 문제는 없다.

첫째, 부인과 딸에 대한 언급은 하지 말아야 한다. 안부도 묻지 말고 아예 관심을 끄는 게 가장 좋다. 선물을 하더라도 아들에게는 괜찮지만 부인이나 딸에게는 삼가야 한다. 서양 문화에서는 관심의 표시고 친밀감을 나타내는 것이지만 이슬람 문화에서는 욕망의 표시로 볼 수 있다. 때로 현지인이 집으로 초대할 수 있는데, 상대방의 접대 방식에 따르면 된다. 무슬림이라도 해외 유학 등을 통해 사고가 서구화된 사람도 있고, 친밀감의 표시로 가족을 식사에 동석시키기도 한다. 이런 경우에도 딸은 인사만 시키고 부인만 동석하는 게 일반적이다. 그렇다 하더라도 지나치게 친절을 베풀거나 관심을 보여서는 안 된다.

둘째, 신체 접촉을 유의해야 한다. 업무를 하다 보면 공적인 관계에서 악수를 어떻게 하느냐가 문제가 된다. 일반적으로 상대 여성이 먼저 손을 내밀 때는 악수해도 문제가 없다. 이쪽에서 먼저 손을 내밀 때가 있는데, 여성의 반응에 달려 있다. 여성이 손을 잡아주면 문제가 없고, 손을 뒤로 뺄 때는 남성도 바로 손을 거두어야 한다.

공적인 관계에서는 이런 기본 원칙만 지키면서 자연스럽게 행동하면 된다. 보수적인 사우디아라비아에서는 아예 거리를 두는 것이 가장 안전하다. 사우디아라비아의 수도 리야드(Riyadh)에 가서 호텔 엘리베이터를 타려 했는데, 엘리베이터 안에 검은 차도르로 온몸을 덮은 여성 둘만 있기에 오해의 소지를 없애기 위해 타지 않은 적이 있다.

아랍에미리트 여성들은 사회 활동이 활발하다. 여대생도 많고, 여대생의 사회 진출도 나라에서 적극 장려한다. 여대생들이 한국 문화도 좋아해서 한국을 연구하는 동아리를 학교마다 만들어 자발적으로 운영하고 있다. 대사관에서는 한국어로 대화하는 클럽을 만들어 대사관 직원들이 정기적으로 만나는 모임을 운영한 적도 있다. 어디까지나 공적인 관계를 유지하고, 모임 장소도 탁 트인 열린 장소로만 제한해서 엄격히 운영했다. 대사관의 여성 직원이나 직원 부인이 함께 참석하게 해서 혹시라도 오해받을 일이 없도록 했다. 대사로서 여학교에 한국 역사와 문화에 대한 강연을 여러 차례 갔는데, 아무리 개방적인 아랍에미리트라지만 긴장의 끈을 놓치지 않으려고 애썼다.

K팝에 열광하는 중동 젊은이

　10여 년 전부터 K팝 열풍이 서서히 달아오르더니 싸이의 '강남 스타일'을 거쳐 BTS가 등장했다. 이제는 K팝의 전 세계적인 인기가 당연한 일처럼 되었다. 중국이나 일본에서 인기를 끌 때만 하더라도 그럴 수 있다고 했는데 그 열기가 유럽을 거쳐 중남미까지 확산되는 현상이 놀랍기만 하다. 가장 신기한 것은 여성들의 차도르 착용이 의무화될 정도로 보수적인 이슬람권에도 K팝이 큰 인기를 끌고 있다는 사실이다.

　걸프 산유국에서 젊은 남성들은 주로 축구와 자동차에 관심이 많으며, 젊은 여성들은 K드라마와 K팝에 빠져 있다. 만두나 김밥 같은 한국의 길거리 음식을 엄청나게 좋아하고 K팝을 따라 부르기 위해 자발적으로 한국어를 배우는 학생도 볼 수 있다. 어떤 학생은 한국에 유학 가는 게 꿈인데 집에서 반대할 것 같아서 냉가슴만 앓고 있다고 고백했다. 서울에 가보려고 공항까지 갔다가 부모에게 붙잡혀 돌아간 경험을 재미있게 고백하는 학생도 만날 수 있었다.

이슬람권에서는 남녀 공학이라도 캠퍼스는 벽으로 구분되어 있다. 여학교에 가보면 한국클럽이 결성되어 있어서 서로 정보를 나누고 한국말도 익히면서 1년에 한두 번씩 학내에서 '코리아 페스티벌' 같은 것을 개최한다. 대사관에서는 공공 외교의 일환으로 이런 클럽에 필요한 자료 지원을 하고, 페스티벌에 김밥, 잡채 같은 전통 음식을 제공해준다. 또 전통 춤이나 태권도가 가능한 교민을 모아 공연 지원을 해주기도 한다. 현지에 진출한 한국 기업들이 휴대전화나 서울 왕복 비행기표를 경품으로 제공하는데, 이에 대한 학생들의 관심은 상상을 초월한다. 여학생들은 미래의 잠재 소비자이므로 기업 입장에서는 자사 상품을 홍보할 수 있는 좋은 기회로 여기고 적극적으로 협찬해주었다.

정부에서는 주기적으로 문화사절단을 중동에 파견하는데 현지에서 행사 지원을 해야 하는 대사관 입장에서 가장 힘든 것은 관객을 모으는 일이다. 나라 체면이 걸려 있기도 해서 관객이 어느 정도는 되어야 하는데, 인구가 적고 문화에 관심을 가진 사람도 제한적이어서 서울처럼 몇백 명의 관객을 모으는 것은 결코 쉬운 일이 아니다. 이때 가장 힘이 되어주는 것이 각 대학에 있는 한국클럽 멤버들이다. 평소 페스티벌 지원 등으로 회장단과 연락 관계가 되어 있으므로 행사 내용을 알려주고 참석을 부탁하면 스

▪ 국립 UAE 대학의 한국클럽 간부 여직원들

▪ 국립 UAE 대학의 여학생들을 대상으로 한 한국 문화 특강

스로 버스를 동원해 2~3시간 거리에서도 많이 참석해준다. 저녁 늦은 시간에 개최되는 행사라 집에서 괜찮다고 하는지 걱정했지만 전혀 개의치 않는 눈치라 안도하기도 했다.

한번은 배우 송중기 씨가 영화 홍보를 위해 아부다비를 방문했다. 영화 상영을 마치고 송중기 씨가 무대를 걸어 나오면서 마이크를 차고 있다는 것을 잊은 채 혼잣말로 "영어를 잘 못하는데 걱정이다"라고 했다. 그 순간 무대에서 일제히 "괜찮아요!"라는 함성이 터져나왔고, 송중기 씨는 "설마 다 알아듣는 거예요?"라며 깜짝 놀랐다.

대다수가 한국에 가본 적도 없고 한국말 클럽을 통해 한국어를 배운 수준인데, 이 정도 한국말을 알아듣고 반응하는 것을 보고는 대단히 흐뭇했던 기억이 난다. 또 한번은 태권도, 사물놀이, 길거리춤이 한 팀을 구성해 아부다비에서 문화행사를 개최해 300명가량이 행사장을 가득 채운 적이 있다. 빠르게 전개되는 퍼포먼스에 혼이 나갈 정도로 관객의 호응이 컸다. 행사가 끝난 후 여운이 지속되어 관객들도 자리를 떠나지 않고 30분가량 박수치며 무대 앞까지 진출해 환호가 계속되었다. 이슬람권이라 하더라도 문화로 하나가 되면 국경을 초월한다는 생각을 하게 되었다.

▪ 영화 홍보차 아부다비를 방문한 배우 송중기 씨. 맨 왼쪽의 외국인은 한국 여성과 결혼한 인연으로
  한국 행사에 발 벗고 나서 지원해주던 국립 자이드 대학의 미국인 교수.

종교에 관용적인 아랍에미리트

중동에서 일정 기간 지내야 하는 경우 다른 종교를 가진 사람들은 걱정이 앞선다. 이슬람권이니 조용히 집에서 예배를 드리거나, 인터넷으로 해야 하나 생각이 든다. GCC 지역에서도 나라마다 규제 내용이 조금씩 다르다. 아랍에미리트는 종교 구역(Religious District)이라는 곳이 지정되어 있다. 그곳에서 자기 신앙대로 집회하는 것은 허용된다. 기본적으로 자기 국민에 대한 선교 활동을 금지하는 것이지, 자신의 신앙을 지키려는 행동은 허용하고 있다.

개신교의 경우 종교 구역에 교회가 몇 개 있고, 일반 건물을 교회 용도로 지정받아 사용하고 있다. 민족과 인종이 다양하므로 주로 시간제로 교회 시설을 임대해 사용하고 있다. 예컨대 교회 건물의 소유주는 미국인데, 오전 10~12시까지는 필리핀, 오후 1~3시는 한국, 오후 3~5시는 소말리아가 이용한다. 교회 앞뜰에서 식사하고 기도하는 것은 얼마든지 허용된다. 감시자가 있을 것으로 짐작되지만, 순찰차나 정복 경찰이 와 있는 모습은 보지 못했다.

아랍에미리트는 아부다비에 3개의 개신교회가 있고, 두바이에는 6~7개의 교회가 있다. 내가 대사로 재임 중이던 2013년까지는 불교, 가톨릭 등 다른 종교가 진출하지 않았지만, 종교를 관장하는 교육부의 허가를 받으면 불가능하지는 않을 것이다.

이슬람 국가에서 종교 활동에 관용적인 이유는 외국인의 진출과 투자를 촉진하기 위한 개방 정책 때문이다. 20세기 초 이 지역에서 대규모 유전이 발견된 후 미국인과 유럽인이 대거 진출했고 이들의 집요한 요구를 정부에서 받아들인 타협의 산물이다. 또 한 가지 이유는 우리나라도 마찬가지였지만, 과거 가난하던 시절에 선교사들이 진출해 학교와 병원을 세우는 등 봉사를 겸한 선교 활동을 활발하게 했기 때문이다.

1959년 캐나다 선교사가 아랍에미리트 알아인에 '오아시스 병원'이라는 최초의 현대식 병원을 설립해 지금도 운영하고 있다. 이 병원에서 현재 아부다비 왕가의 직계 왕자(성골) 19명 중 13명이 태어났고, 병원 치료 덕분에 목숨을 건진 왕자도 있다. 그래서 이 기독교 병원은 성지처럼 인정받고 있으며, 선교사 설립자의 특별 요청으로 입원실에는 예외적으로 코란과 함께 성경도 비치되어 있다고 들었다. 이 병원에 처음 가본 나는 병원 복도에서 예수의 부조 조각을 발견하고 이게 가능할 수 있나 싶어 깜짝 놀랐다. 7개 토후국 중 하나인 푸자이라(Fujairah) 토후국에도 이와 유사한 사례가 있는데, 과거 영아 사망률이 높았던 시절, 유럽의 수녀 3명이 설립한 현대식 병원에서 많은 신생아의 목숨을 구한 것으로 전한다. 세월이 흘러 수녀들이 귀국하게 되자 한국에서 이 병원을 운영해줄 분이 없는지 물어오기도 했다.

하지만 선교 활동은 조심해야 한다. 명백한 위법 행위이고, 적발되면 가차 없이 처벌받는다. 숨어서 활동하는 사람도 있고, 일상생활을 하면서 그런 목적을 수행하는 사람도 있지만 정말 조심해야 한다. 한국의 초대형 교회가 정부의 정식 허가를 받고 아프리카 진출을 위한 발대식을 아랍에미리트에서 개최한 적이 있다. 무슬림에 대한 전도 행위가 아니라 자체 행사로 간주한 것이다. 또 한번은 국내 기독교 단체가 주관이 되어 국제적인 종교 행사를 아부다비에서 개최한다고 정부의 특별 허가를 받았다. 대형 스타디움에서 열린 이 행사는 극히 예외적인 사례다. 나도 대사로서 돕기는 했지만 행사 허가를 받은 게 신기했다. 이슬람 국가에서 천장이 완전히 뚫린 옥외 스타디움에 수백 명이 모여 기독교식 찬양을 할 수 있다는 게 믿어지지 않았다. 이 지역에서 가장 관용적인 아랍에미리트였기 때문에 가능한 일이었다.

중동에 살면 여행을 즐겨라

한국은 유럽이나 미국, 아프리카 등에서 멀리 떨어져 있어 해외여행 다니기가 편한 곳은 아니다. 이에 비해 중동은 문자 그대로 중간지대에 있다 보니 어디든 쉽게 접근할 수 있다. 내가 가본 곳 중 '강추'하고 싶은 곳은 요르단, 이스라엘, 튀르키예의 카파도키아(Cappadocia), 이란의 페르세폴리스(Persepolis), 몰디브, 케이프타운과 빅토리아 폭포, 시칠리아와 몰타, 세이셸과 모리셔스다. 한국에서는 접근이 쉽지 않지만 중동에서는 휴가를 이용해 쉽게 다녀올 수 있는 곳이다. 두바이가 허브 공항이어서 웬만하면 직항이 있다. 남다른 곳을 원한다면 이곳들은 신혼 여행지로도 좋다. 기후가 열악한 중동에 산다면 지리적 이점을 활용해 여행의 즐거움을 누려보라고 권한다.

중동 역사에 관심이 있다면 이 중에서도 이스라엘, 튀르키예, 이란은 반드시 가봐야 한다. 세 나라는 아랍이 아니어서 아랍

말을 사용하지 않는다. 장구한 중동 역사에서 아라비아까지 모두 네 나라가 이 지역의 패권을 놓고 치열하게 싸워왔다는 것은 우선 알고 있어야 한다. 처음에는 이란(페르시아)이 강대국으로 군림하다가 AD 7세기에 선지자 무함마드가 출현하면서 아랍이 패권을 장악한다. 아랍을 무너뜨린 것은 북방 초원지대에서 내려와 1차 세계대전 종전까지 500년 이상 이 지역의 강대국으로 행세한 튀르키예였다. 현대에 와서는 팔레스타인 지역에 국가를 세운 이스라엘이 강대국이 되었다.

중동의 4대 세력은 독특한 문화와 역사, 자연을 지니고 있다. 그중에서도 성경의 중심 무대인 예루살렘은 현지에 가서 보는 것만으로도 벅찬 감격을 불러온다. 또한 예수가 태어났던 베들레헴, 수면을 걸었다는 갈릴리 호수, 염분이 높아 몸이 가라앉지 않고 둥둥 뜨는 사해(死海)에서도 특별한 경험을 할 수 있다.

튀르키예는 한국인이 선호하는 여행지다. 이미 이스탄불을 봤다면 남부의 카파도키아 지역을 권한다. 이곳 지형은 세계 어느 곳에서도 발견할 수 없을 만큼 독특하다. 나는 미국의 그랜드 캐니언에서보다 더 큰 감동을 느꼈다. 이곳에서 많이 볼 수 있는 동굴 호텔에서 자보고, 아침 일찍 일어나 대형 열기구를 타고 신기한 지형 위를 날다 보면 디즈니랜드에 나오는 주인공이 된 듯한 착각이 든다. 근처에는 기독교 박해기에 땅속에 집을 짓고 숨어 살던 지하 주거지도 있다. 개미집처럼 만들어놓고 안에 우물

▪ 카파도키아

도 파고 외양간도 짓고 살았다는 것이 믿어지지 않는다. 여기서 조금만 더 여행하면 11세기에 메소포타미아, 시리아, 이란까지 150년간 지배한 옛 셀주크 튀르키예의 수도 콘야(Konya)도 있고, 유명한 온천 마을인 파묵칼레(Pamukkale)도 있으니 놓치지 않기 바란다.

그리고 이란을 가보지 않을 수 없겠지만 수도 테헤란은 딱히 볼 만한 것이 많지는 않다. 겨울에는 매연이 심하고 치안도 엄격해 여행객을 긴장하게 한다. 시내 구경을 하고 시간이 난다면 테헤란의 뒷산인 토찰산(Tochal Mt.)에 가볼 만하다. 해발 2000미터가 넘는 높은 산이 테헤란 뒤에 버티고 있는데, 케이블카를 타고 30분쯤 올라가야 정상이 나온다. 5월에 가도 스키 타는 사람들을 볼 수 있다. 생각지도 않게 중동에서 스키장을 보는 것만으로도 신기하다.

테헤란에서 국내선을 타고 남쪽으로 2시간 정도 가면 시라즈(Shiraz)라는 도시가 나온다. 문학과 교육의 도시이고, 포도주 품종의 발상지이며, 내부가 모두 거울로 장식된 모스크가 유명하다. 거기서 30분 정도 택시로 이동하면 옛 페르시아의 수도였던 페르세폴리스가 있고, 가는 길에 왕들의 암벽 무덤을 만날 수 있다. 칙령으로 유대인들을 70년 간의 바빌론 유수(幽囚)에서 풀어준 것으로 유명한 페르시아의 초대 왕인 키루스(Cyrus) 2세, 그리고 그리스와의 2차에 걸친 전쟁으로 유명해진 다리우스(Darius)

대왕과 크세르크세스(Xerxes)의 무덤이 있다.

페르세폴리스에는 알렉산드로스 대왕이 점령해 폐허로 만든 잔재가 남아 있다. 후대 역사가들은 알렉산드로스의 최대 실수가 페르시아의 화려했던 수도를 잿더미로 만든 것이라고 한다. 넓은 궁터, 타다 남은 돌 조각과 돌벽, 그 위에 새겨진 부조들이 적지 않게 남아 있어 옛 페르시아 제국의 영광을 다소나마 느낄 수 있다.

조금 더 먼 곳을 갈 수 있는 여유가 있다면 남이탈리아의 섬 몰타를 추천한다. 워낙 경치가 좋고 이국적이라 유럽의 젊은이들이 허니문으로 가장 선호하는 곳이다. 몰타는 영국에서 독립한 작은 공화국인데, 시칠리아를 본 후에 비행기나 배로 쉽게 이동할 수 있다.

몰타에 간다면 시오노 나나미(Shiono Nanami)의 '전쟁 3부작' 중 하나인 『로도스 섬 공방전』을 읽기를 권한다. 몰타에는 발레타(Valletta)라는 바둑판 같은 계획도시가 있는데, 발레타는 십자군전쟁에 참전했던 성 요한 기사단의 수장인 장 발레트(Jean Parisot de Valette)에서 온 이름이다. 기사단은 로마 교황청으로부터 불하받은 독도 같은 돌섬 위에 나라를 세우고, 몇십 년에 걸쳐 오스만투르크 해군의 공격에 대비해 성곽으로 요새화했다. 이들이 성곽을 만들 때는 화살의 시대는 가고 대포의 시대가 도래했다. 성곽은 높이보다 두께가 더 중요한 시대가 된 것이다. 이걸

■ 이란 토찰산

알아야 몰타의 성곽을 제대로 감상했다고 할 수 있다.

여기서 꼭 봐야 할 유명한 성당이 있는데, 성 요한 대성당(St. John's Co-Cathedral)이다. 세례 요한을 기념하는 성당으로, 성당 자체도 화려하고 아름답지만 눈여겨봐야 할 것은 르네상스 시대의 대표 화가인 카라바조(Caravaggio)의 성화(聖畵) 〈세례자 요한의 머리를 받는 살로메>로, 성경에 나오는 세례자 요한의 이야기를 그렸다. 헤로데 왕의 딸 살로메가 자신이 춤을 추는 대가로 세례자 요한의 목을 달라고 요구하자 요한의 머리를 참수해 쟁반에 담아 전달한다. 이 작품을 보기 위해 관광객이 계속 몰려든다.

하나 더 추천한다면 성 바울 성당(St. Paul's Cathedral)이다. 이 성당에는 다음과 같은 배경 이야기가 있다. 서기 60년경 사도 바울이 로마로 압송되는 길에 바다에서 표류했고, 간신히 어느 돌섬(몰타)에 상륙해 젖은 몸을 말리다 나뭇가지더미에 숨은 뱀에 손을 물렸다. 하지만 그가 죽지 않자 원주민들에게 신으로 추앙받았다는 것이다.

마지막으로, 중동에서 비행기를 타고 가기 좋은 곳이 아프리카 남쪽의 빅토리아 폭포와 희망봉의 도시 케이프타운이다. 아프리카에 가려면 말라리아 약을 먹고 황열병 예방주사를 맞아야 하는 것이 부담인데 빅토리아 폭포와 남아프리카공화국은 이런 불편이 없어서 좋다. 빅토리아 폭포는 나이아가라 폭포, 이과수 폭포와 함께 세계 3대 폭포로 일컬어진다. 전체 넓이로는 이과수 폭포가 가장 크지만, 높이로는 빅토리아 폭포가 세계 최고다. 워낙 물의 양도 많고 높다 보니 물보라가 솟구쳐 올라가 비처럼 쏟아지는 장면이 장관이다. 특히 수량이 풍부한 10월부터 다음 해 3월 초까지 가야 장관을 즐길 수 있다.

빅토리아 폭포에 가려면 남아프리카공화국을 거쳐야 하는데, 이 나라에서 가장 아름답고 안전한 도시 케이프타운은 여행지로서 갖출 것은 다 갖추었다. 시내에 있는 유명한 테이블 마운틴(Table Mountain), 아름다운 와이너리, 역사적인 희망봉, 펭귄들이 집단 거주하는 해변, 물개들이 서식하는 바위섬, 골프장 등 하루하루가 지루할 틈이 없다. 중동에 살게 된다면 최대 이점인 여행을 즐기라고 강조하고 싶다.

빅토리아 폭포

중동의 문화 허브, 아부다비의 꿈

아부다비를 방문지로 넣는다면 2017년 11월에 준공된 루브르(Louvre) 중동 분관을 가봐야 한다. 문화의 불모지라 할 수 있는 GCC 중동에서 프랑스 본관을 제외하고는 하나밖에 없는 루브르 분관을 만날 수 있다. 이 박물관은 서구와 중동 양식이 결합된 특이한 형태를 띠고 있으며, 루브르를 포함해 프랑스의 13개 박물관에서 모은 300여 점의 전시물 외에도 중동 등 세계 곳곳의 전시품이 함께 전시되어 있다.

2007년 10월 프랑스 하원은 격론 끝에 그들의 문화적 자존심인 루브르박물관의 분관 설치를 승인했다. 2009년에는 사르코지 대통령과 당시 무함마드 왕세자가 참석해 기념식을 개최했다. 세계적인 건축가 장 누벨(Jean Nouvel)이 설계한 모형을 앞에 두고 이루어진 역사적인 기념식이었다. 루브르에 이어 순차적으로 건축될 구겐하임(Guggenheim) 중동 분관과 자이드(Zayed) 국립박물관 모형도 같이 선을 보였다. 루브르 분관은 공사비만 한화로 약 1200억 원(1억 800만 달러)이 들었는데, 루브르 측에 지불되는 브랜드 사용비, 작품 수백 점의 대여료, 전문가 자문 비용 등을 합하면 1조 5000억 원 넘게 지불되었을 것으로 추정된다.

엄청난 소장품을 순환 전시하고 있는 파리 루브르 본관에 비교하기에는 턱없이 부족하지만, 뜻밖의 장소에서 만나는 세계적인 미술품이 너무나 반갑다. 더욱이 인류 문화가 세계 곳곳에서 개별적으로 발달했지만 서로 닮은 점이 많은 것에 착안해 유사품을 지역적으로 비교 배열하고 관객 스스로 인류사의 공통점을 느낄 수 있게 한 전시 방식은 아주 참신하다.

반드시 감상해야 할 것은 박물관 건물 그 자체다. 파리의 루브르 건물은 루이 14세의 궁전을 그대로 사용하고 있지만, 아부다비 분관은 장 누벨이 서구적인 것에 중동 고유의 특이한 색을 더해 설계했다. 지름 180미터에 이르는 거대한 돔이 건물 전체를 덮고 있는 가운데 지붕에는 야자수 잎들이 서로 얼기설기 엮여 있는 듯하다. 그 사이로 뜨거운 햇빛이 7850개의 패널 사이로 스며들어와 건물 내부를 어른거리는 그림자로 수놓고 있어 중동의 환상적이고 몽환적인 문화를 체험할 수 있다.

우리가 여의도 백사장을 개발해 국회의사당을 품은 신도시를 조성했듯이, 아부다비 정부는 아부다비시 인근의 사디야트(Saadiyat, 아랍어로 '행복'이라는 뜻)라는 백사장 섬을 개발해 세계적

▪ 루브르 아부다비에서

인 문화의 섬을 만들겠다는 구상을 세웠다. 이 구상은 스페인 빌바오시의 성공 경험을 모델로 삼았다. 빌바오는 많은 반대를 무릅쓰고 구겐하임미술관 분관을 유치해 1997년 개관 이후 불과 5년 만에 투자금을 회수하는 대성공을 거두었다. 루브르에 이어 구겐하임과 자이드 국립박물관, 일본의 세계적인 건축가 안도 다다오(安藤忠雄)가 설계한 해양박물관까지 계획대로 개관된다면 중동의 문화 허브를 지향하는 아부다비의 꿈이 그리 머지않았다고 생각한다.

중동의 허브 위상을 두고 아부다비와 경쟁하고 있는 이웃 나라 카타르도 국립박물관을 2019년에 개관했다. 흥미로운 점은 이 박물관 설계자도 장 누벨이고, 건물의 모티브도 '사막의 장미(Desert Rose)'로 '사막의 루브르(Desert Louvre)'라 불리는 아부다비의 루브르 분관과 유사하다. 카타르에는 2008년에 개관한 이슬람 예술박물관(Museum of Islamic Art)이 있는데, GCC 지역에서 가뭄에 단비 같은 '발견의 즐거움'을 주는 곳이다. 2022년 카타르 월드컵을 계기로 새로 지은 월드컵 스타디움은 '974스타디움'이라고 불린다. 레고처럼 분해와 조립이 가능하도록 수출용 컨테이너 974개로 만들었다. 월드컵을 계기로 GCC 지역 여행을 계획한다면 월드컵 스타디움과 함께 아부다비와 카타르의 박물관 투어도 고려하기 바란다.

중동에서 살면 왜 행복할까

간호사 30명을 대상으로 강연한 적이 있다. 아랍에미리트에 신설되는 우리나라 병원에 파견을 앞둔 간호사들이었다. 강연을 마치고 질의응답 시간에 한 간호사가 본인도 그렇지만 집에서도 걱정이 많은데 어떻게 하면 좋겠냐고 물었다. 당연한 질문이었다. 나도 그런 마음으로 중동에 처음 발을 들여놓았으니. 그런데 중동에 적응해서 살다 보면 왠지 편안하고 행복하게 느껴진다. 그래서 "가족 친지들 앞에서는 고생하러 가는 척하고 가서는 웃으며 살면 된다"라고 답해주었다.

무슨 자신감으로 이렇게 얘기할 수 있었을까? 몇십 년씩 생업을 일구며 살아온 교민들은 생각이 좀 다르겠지만, 서울에서 파견 온 사람들 중 내가 만나본 사람들은 대부분 만족도가 높았다. 기간이 끝나고도 연장 근무를 하는 사람을 여럿 보았고, 서울에 갔다가 다시 취업하여 돌아오는 사람도 많이 보았다.

유럽인들은 중동(GCC 지역)을 좋아하는 편이다. 아랍에미리트와 카타르에서 20년 넘게 살고 있는 한 유럽인에게 어쩌다 이렇게 정착하게 되었냐고 물어본 적이 있다. 그는 서슴지 않고 이곳이 '파라다이스' 아니냐고 반문했다. 경제적 여유가 있기도 했지만 아주 부자는 아닌데, 유럽에 있으면 어떻게 해변가의 빌라형 집에서 필리핀 가사 도우미를 고용하고 지낼 수 있겠느냐는 것이었다. 또한 집 바로 옆에 있는 골프장에서 수시로 운동을 즐길 수 있고, 좋은 음식점에도 자주 갈 수 있는데 유럽에서는 이런 상류 생활이 불가능하다고 했다.

가장 문제는 더위인데 그것도 1년쯤 지내보니 별것 아니었다. 우리나라도 한여름 두 달과 한겨울 석 달 정도를 빼고 나면 살 만한 기간은 7개월 정도다. 중동도 겨울철 서너 달 포함해 앞뒤로 두 달을 더해 다섯 달 정도는 충분히 야외 활동을 즐길 만하다. 먹거리는 비록 수입품이지만 마트에 가보면 없는 게 없을 정도로 풍성하다. 스키 같은 겨울 운동은 어렵지만 골프는 얼마든지 가능하고, 볼링, 헬스, 수영 등 실내 운동은 거의 모두 가능하다.

서울만큼은 아니지만 종교 활동도 가능하다. 차로 조금만 나가면 해변이고 야자수가 많아 저녁 시간에 해변을 걸으면 마음이 편안해진다. 바쁠 것도 없고 뛸 이유도 없다. 업무 스트레스도 적은 편이고, 서울처럼 야근과 회식이 잦지 않다. 치안이 좋아서 아시아나 아프리카의 후진국처럼 신경을 곤두세우고 다닐 필요도 없다. GCC 국가 중에서 가장 개방적인 아랍에미리트에서는 대형 호텔과 스포츠 시설에 한정되지만 음주가 허용되고, 외국인은 수영복을 입고 수영해도 되며, 지나친 노출만 아니라면 복장에 제약이 거의 없다.

중동은 굳이 긍정적으로 생각하지 않아도 왠지 사람을 편안하게 하는 매력이 있다. 물론 앞에서 틈틈이 설명한 대로 우리와 문화가 달라 조심해야 할 점과 불편한 점이 있기는 하지만 반면에 좋은 점도 많다. 어느 순간에는 한국에서 정신없이 살던 것이 정상이 아니고, 아부다비나 두바이에서 약간은 느린 삶이 정상이라는 생각이 들기도 한다. 무엇이든 마음먹기에 달렸다. 혹시 기회가 된다면 중동에서 이런 삶을 한번 누려보는 것도 괜찮을 듯하다.

• 사막 한복판에 있는 카스르 알 사랍(Qasr Al Sarab) 호텔. 아랍어로 신기루의 성이라는 뜻이다.

• 카스르 알 사랍 호텔의 수영장. 바닷물을 담수로 정수한 물을 수도관으로 끌어와서 채웠다.

버지니아, 마닐라, 파리 그리고 아부다비

나는 정통 외교관이 아니면서도 12년 동안 4개 대륙에서 살아보았다. 외국에 오래 체류한 상사 직원이나 교민들은 많지만 4개 대륙에서 고루 살아본 사람은 그리 흔하지 않을 것이다. 그것도 남들이 한번 살아보고 싶은 곳에서만 있었으니 행운아라는 생각을 가끔 한다.

미국 버지니아주는 독특한 곳이다. 영국이 처음 미 대륙에 진출해 정착한 곳으로, 영국의 엘리자베스 1세 여왕을 기려 버지니아로 명명했다. 인디언 처녀와 영국인의 사랑 이야기로 유명한 포카혼타스의 고향도 버지니아에 있는 최초의 식민도시 제임스타운이었다. 독립전쟁에서 미국의 승리를 이끌어 초대 대통령이 된 조지 워싱턴(George Washington)도 버지니아 출신이다. 미국의 수도인 워싱턴 DC는 독립 후 버지니아에서 땅을 일부 할애받아 만들어졌다. 미국 독립선언서를 기초하고, 3대 대통령이 된 토머스 제퍼슨(Thomas Jefferson)도 버지니아의 큰 목장주로 저택(몬티첼로) 인근 마을인 샬러츠빌에 버지니아대학교를 세웠다. 몬티첼로와 대학 내 건물은 유네스코 세계문화유산으로 지정되어 있다.

또한 버지니아는 남북전쟁 때 남군과 북군의 경계선에 있어 치열한 전투가 벌어진 곳으로 주가 속한 진영은 남군에 있었다. 남부연합군 총사령관을 지낸 로버트 리(Robert Edward Lee) 장군은 전쟁이 일어나자 북군에서 먼저 총사령관을 맡아달라고 요청했지만, 자신의 고향인 버지니아주의 입장을 따라 남군에 가담한 것으로 유명하다. 전쟁 후 남부에서 해방된 노예들이 버지니아에서 가장 유명한 사람의 이름을 자신의 이름으로 채택하는 사례가 유행처럼 늘어났다. 그래서 지금도 버지니아에는 Washington, Jefferson, Lee라는 이름을 가진 흑인들을 쉽게 만날 수 있다.

버지니아는 수도인 워싱턴 DC에 붙어 있지만 아직도 남부의 속성을 많이 가지고 있어 북부에 비해 흑인 수가 적고 사람들의 성격도 다소 온순하다. 기후가 좋아서 숲이 울창하고 식민지 시대의 대규모 목장(plantation) 등이 밭보다 훨씬 많아 아름다운 풍광이 펼쳐져 있다. 미국에서는 북부의 버몬트주와 함께 가을 단풍이 특별히 아름답기로 유명하다.

다음에는 필리핀의 수도 마닐라에서 아시아개발은행 직원으로 4년간 근무했다. 정치 수준이 후진적이고 빈부 격차가 크고 가난한 나라지만 국민 행복도 조사에서는 항상 세계 상위 10위 안에 드는 독특한 나라다. 그 이유는 국민들이 낙천적이기 때문이다. 필리핀 생활 초기에는 사람들이 게으르고 정치가 부패해서 잘살기 힘든 나라라고 생각했지만, 나중에는 어쩌면 치열하게 경쟁하며 스트레스를 안고 살아가는 한국 사람의 삶이 문제가 있는지도 모른다는 생각이 들었다. 잘사는 집 아이들을 하굣길에 납치하고, 총을 소지하며, 대낮에 강도 사건이 자주 발생하는 등 치안이 엉망이어서 걱정이었지만, 가난한 서민들이 하는 좀도둑질쯤은 삶이 힘든 저들의 처지가 되면 나도 같은 행동을 하지 않을까 하며 관대하게 생각하게 되었다.

필리핀은 1970년대 초반까지만 해도 아시아에서 일본에 이어 두 번째로 잘사는 나라였다. 그러나 우리가 1970년~1980년대에 연평균 9퍼센트 정도로 고속 성장하는 동안 필리핀은 마르코스 대통령의 실정으로 연평균 거의 제로 성장률을 기록하는 바람에 가난한 나라로 전락했다. 나이 많은 필리핀 지도층 인사가 "한때는 필리핀도 지금의 대한민국 못지않게 잘살았다"라고 한숨 섞어 하는 이야기를 들으며 왠지 슬퍼지기도 했다.

330년간 스페인의 지배를 받은 후 약 50년간 미국의 지배를 받으면서 아시아 국가로서는 드물게 사고가 서구화되어 있고 자국어인 타갈로그어(tagalog) 외에 영어가 통용되어 치안만 제외하면 외국인으로서 참 살기 편한 나라다. 약간 토속화된 형태지만 독실한 가톨릭 교인이 많아 동남아시아에서는 다소 이질적인 윤리관과 문화가 형성되었고, 종교와 관련된 행사나 장신구 수공예가 발달했다.

이후에는 프랑스 파리에 있는 경제협력개발기구(OECD) 대표부에 경제 외교관으로 주재하며 살았다. 2000년 초 인터넷이 보급되기 시작한 시점이라 현지에 도착하자마자 휴대전화를 개통하고, 이어서 가장 급한 인터넷 연결을 현지 통신사에 요청했는데, 일이 마무리되는 데 무려 15일 넘게 걸렸다. 서울에서 그런 일은 하루면 되던 때였다. 거리에는 개똥이 널려 조깅하기가 힘들었고 지하철 입구마다 오줌 냄새가 진동했다. 지하철이나 관광명소에는 소매치기가 들끓었고 주차된 차에서 오디오를 도둑 당하는 일이 비일비재해 오디오만 분리해서 집에 들고 갈 수 있도록 분리형으로 선택하는 게 일반적이었다. 파리 생활 초기에는 파리가 어떻게 이럴 수 있는가 하는 실망감이 이만저만이 아니었다. 시간이 흐르면서 파리의 매력은 '낡고 오래된 것'에 있음을 깨달았다. 프랑스어 실력이 점차 늘면서 파리와 프랑스가 얼마나 매력적인 곳인지를 실감했다. 나중에는 "프랑스에 한번 살아본 것만으로도 축복이다"라고 고백했다.

프랑스에 살면서 적어도 포도주와 미술에 대해서는 알아야 한다는 생각에 공부를 해봤다. 포도주는 사람들이 모이기만 하면 마시고, 또 인기 대화 주제이기도 해서 기초 지식만 있으면 저절로 실력이 늘었다. 사실 프랑스에서는 식사 때마다 마시는 게 포도주다. 우리의 국과 같다고 보면 된다. 그렇다 보니 "프랑스 사람들의 혈액을 검사하면 24시간 알코올 성분이 나온다"라는 말이 과장만은 아니다. 약간의 음주운전은 단속하지도 않는다. 심지어 "경찰이 음주단속을 심하게 하면 폭동이 난다"라는 말도 있다. 반면에 미술은 공부하기가 쉽지 않았다. 그래서 교민 조각가에게 고민을 털어놓았더니 아무 걱정 하지 말라고 했다. 파리에 살다 보면 작품을 많이 보게 되고 그러다 보면 공부가 저절로 된다고 했다. 귀국 후에 좋은 미술품 앞에만 가면 발길이 저절로 멎고 자연스럽게 작품의 수준을 느끼게 되었다. 그분의 말처럼 작품 감상 능력이 형성되어 있는 것을 느끼고 놀랐던 기억이 있다.

에펠탑을 보면 누구나 감탄한다. 나도 파리에 도착하자마자 가족을 데리고 간 곳이 에펠탑이다. 평지에 조성된 파리 시내에 살다 보면 어디에서나 에펠탑이 보인다. 그런 까닭에 에펠탑은 파리의 상징이다. 더욱이 대사관이 에펠탑 근처에 있어 출퇴근 때마다 에펠탑을 보았다. 그런데 시간이 흐르자 신기하게도 에펠탑이 점차 밋밋해지고 나중에는 쳐다보지도 않게 되었다.

에펠탑을 혐오한 사람도 있다. 프랑스의 소설가 모파상(Guy de Maupassant)이다. 그는 에펠탑 하단에 있는 식당에서 자주 점심을 먹었다. 누군가 그 이유를 묻자 "이곳이 파리에서 유일하게 에펠탑이 보이지 않는 곳이기 때문입니다"라고 대답했다.

에펠탑을 워낙 자주 보니 위로 올라갈수록 잘록하게 높이 솟은 에펠탑의 모양이 자꾸 살이 올라 두꺼워지는 듯한 착각이 들기도 했다. 신기한 것은 귀국이 몇 달 앞으로 다가오자 에펠탑이 다시 날씬하게 보이는 것이었다. 막상 떠날 때가 되자 출퇴근 때마다 다시 쳐다보았고 이별이 못내 아쉬웠다. 귀국 후 몇 달 안 돼 텔레비전에 에펠탑이 나오는 장면을 보고는 눈물이 또르르 흘러내렸다. 그게 파리의 매력이다.

프랑스 전체를 보더라도 얼마나 매력적인지 모른다. 육각형 모양의 프랑스는 가는 곳마다 색다른 모습이다. 어딜 가나 이질적이고 새롭다. 눈 덮인 알프스가 있는가 하면 아름다운 지중해 해변이 있다. 가는 곳마다 서로 다른 포도주와 치즈 산지가 있다. 루아르에는 아름다운 고성(古城)이 있고, 중부에는 화산지대가 수줍은 처녀처럼 숨어 있다. 북서쪽 대서양변에는 노르망디와 브르타뉴의 아름다운 절벽과 세찬 바람, 파도가 기다리고 있다. 동북쪽에는 샴페인의 산지 샹파뉴에 드넓은 초원이 펼쳐져 있고, 지난 한 세기 동안 독일과 전쟁을 하며 주거니 받거니 했던 알자스로렌이 독일풍을 간직한 채 라인강 근처에 자리잡고 있다.

이런 곳에서 지내다가 꿈에도 생각하지 않던 아부다비에 가게 되었다. 처음에는 석유로 돈을 많이 벌고, 두바이처럼 사막에 도시를 지어놓았다 해도 얼마나 대단할까 하고 기대하지 않았다. 원전을 수출했으니 관리를 잘해 다른 나라에 한국산 원전을 추가 수출할 수 있는 교두보를 만들고, 우리가 개발한 공군 훈련기인 T-50을 임기 중에 수출만 하면 금상첨화라는 생각으로 부임했다. 새롭게 배울 게 있다든지, 서울에서 경험할 수 없는 즐거움을 찾을 수 있으리라는 생각은 없었다. 오히려 무료함은 무엇으로 메

울까 하는 걱정이 앞섰다.

결론부터 이야기하면, 중동 생활은 나에게 새롭고 독특한 경험이었다. 지식이나 삶의 자세에서도 전혀 다른 지평을 제공해주었다. 아랍인은 평화를 사랑하고 선량하다. 몸이 장대해도 서양인보다는 아시아인의 특성이 강하다. 검은 복장으로 전신을 가리고 있어도 마음은 우리와 다를 바 없다. 다만 『이슬람의 눈으로 본 세계사』(원제: Destiny Disrupted)라는 책 제목이 말해주듯, 우리가 배운 세계사를 중동의 시각에서 바라보면 전혀 다르게 해석된다. 중동과 중동 사람에 대한 편견도 심하다. 하지만 현대 국제정치를 분석하고 평가할 때 중동을 빼면 절반밖에 이해할 수 없다.

중동에 있으면서 그동안의 경험에서 빠져 있던 중요한 퍼즐을 맞추고 있다는 생각이 들었다. 그곳은 종교적인 면에서 아브라함과 예수 그리스도가 탄생하고 활동하던 기독교 신앙의 원 무대다. 세계 2대 종교의 하나인 이슬람교와 무슬림에 대한 이해를 높이고 궁금증도 많이 풀 수 있는 계기가 되었다.

우연히 가게 된 4개 대륙에서 내가 배울 수 있는 요소를 찾아 최대한 많은 것을 얻기 위해 노력했다. 결과는 만족스러웠고 과정은 아름다운 추억으로 남아 있다. 특히 아부다비와 중동에서의 경험은 즐거운 반전(pleasant surprise)이었다. 이 책이 비슷한 길을 걸어가는 사람들의 길잡이가 되기를 바란다.

• 아부다비에 있는 셰이크 자이드 모스크